陳淞山的兩岸觀察：2012~2016之❶

陳淞山——著

如何突破國、共九二共識框架
在兩岸議題走出不一樣的路

蔡英文的兩岸協奏曲

弦外有音

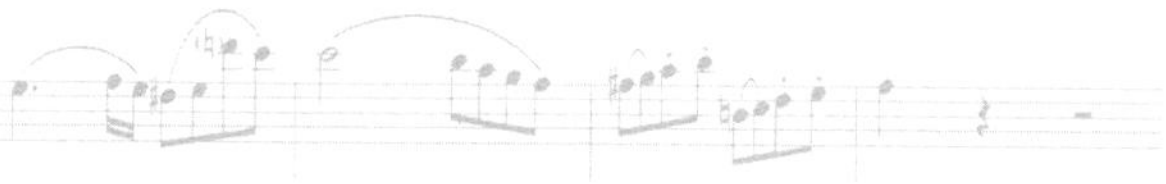

共同推薦

在不和諧音中找出兩岸協奏樂章

淞山是一枝健筆，也是一枝快筆，出一本像這種篇幅的書應該是很容易的，可是，本書所收輯的文章，時間前後相差了四年以上，可見成書並不容易。

這當然是因為談兩岸難！

如果只站在一方的立場談兩岸，當然也不難。難就難在完全瞭解兩岸問題的隱微死角，卻又苦心孤詣，苦口婆心，想要尋找一個讓雙方可以相對滿意的答案。這正是淞山奔走兩岸的初衷和始終不變的堅持。

淞山原本曾經是民進黨員，在黨內的交往既深且廣。在對岸，他也真心交朋友，從專家學者到對台樞要。他完全瞭解民共之間存在不易跨越的歷史鴻溝，但是，他也深深相信這歷史鴻溝並非不能跨越。本身也是兩岸問題專家的淞山，清楚知道兩岸可以共同追求的未來利益，遠遠大過由於歷史分歧而擔心的相互傷害。

讀淞山的兩岸文章，很自然會想到古代的諫官。諫官多數沒有好下場，這是因為從古以來，能聽諫納諫的好領導人很少。像魏徵之於唐太宗，大概是千古僅見的奇遇。

作為當代的兩岸諫官，淞山的個人際遇應該不會比古代的諫官幸運。古代的諫官只要說服一個人，淞山要說服的卻是互相懷著成見的千千萬萬人。最後的結果很可能就是兩面難做人。

但願不是如此！則淞山個人幸甚，兩岸人民幸甚！

民進黨前主席、亞太和平基金會董事長

受好友淞山之囑為之序，忖思後欣然接受，在兩岸困局中，淞山仍能秉持其長期觀察洞悉兩岸之專業敏銳能力，持續發表鞭辟入裡之力作，提出各種層面之思考角度，對化解兩岸僵局，有其問題取向分析方式之相當卓然貢獻。

本書時間點跨越民進黨全面執政前後，就蔡英文的兩岸拼圖其邏輯思維和實際困境作了深入剖析，乃為一本可讀性高、實事求是的好書，尤其文中提及兩岸並非零和賽局，贏得政權之民進黨，對兩岸關係的主導權更應認清自我之能力與實力，在國際外交與大陸政策間找出可行之方。凡此種種論述實可激盪你我共同來面對並思考。

監察委員

同理心與換位思考是民、共關係正常化的根本問題，也是兩岸關係發展最難解，甚至必然要解的政治習題。淞山長期以來的兩岸論述評論文章，就是站在這個兩岸雙贏的政治立場與角度為出發點，試圖來拉近雙方的政治距離與價值觀，為兩岸關係的政治僵局找到解套的出路，這是蔡英文與民進黨，也是北京當局，都該克服障礙、排除萬難並用心跨越的政治鴻溝！

美麗島電子報董事長

語言與現實之間，存在著落差，也可能是質變。像政治人物談兩岸關係，聽來大多悅耳明亮，只是往往略去他們才清楚的殘酷的現實。因此，真誠的兩岸論述，就像在良心的暗礁與政治的淺灘中穿梭，要觀風向，還得聽濤聲，必要時，排除眾議說些不合時宜的話，才算善盡知識份子的言責。《弦外有音》就是這樣一本不可多得的好書，值得靜下心來閱讀。

慈濟大學兼任助理教授

李明軒

＋

我在立法院相交近三十年的老兄弟陳淞山，資歷、閱歷豐厚，算得上是民進黨中「厝內」等級的政治工作者。他長期關注兩岸關係的和平與發展，在黨內素來敢言別人所不敢言，我常以他為師。如今，他將長期的觀察、評論，付梓成冊，對兩岸是將有振聾發聵之效。我極力推薦兩岸，特別是藍營的朋友不要錯過；陳淞山的「苦口婆心」，肯定讓您入寶山不會空手而歸。

台北市議員

李乾

從美中台大三角到紅藍綠小三角，兩岸問題深受國際情勢、亞太安全、兩岸攻防到內部角力，各種交錯因素與力量的影響和制約，這樣的態勢在蔡英文總統就任後更顯複雜多變。值此時刻，「弦外有音」一書的出版，饒具意義。

本書就二〇一二至二〇一六年兩岸關係發展的政治事件與變化，詳實記述評論，當中多有洞見，個人雖未必全然贊同，然於思辨處卻深受刺激啟發，最終竟是弦外有音，一聽、二聽、三聽，聽出不同的天涯與境界。故此推薦，誠盼於兩岸關係各色嘈嘈切切喧囂中，本書的面世能帶來一絲清音。

政治評論員，綠色和平電台主持人

兩岸關係是台灣未來發展的命脈所繫，然卻是奉行台獨黨綱民進黨的罩門，因未能正面認同九二共識，已使兩岸關係陷入冰凍期，未來美中台之間的三角關係如何拿捏定位，

兩岸之間如何和而不破維持現狀，都是愛台灣不能迴避的首要課題。

淞山兄向來熱愛寶島，長期關心並鑽研諸多政治議題未曾稍間，舉凡選舉，國會，政黨，兩岸關係等識多見廣，觀察與立論屢見廣度與深度，尤其超越黨派的灼見，對執政當局常有醍醐灌頂之效，此書的出版冀望彌平兩岸鴻溝，不啻是愛台灣的苦口婆心呼籲。

中華久久長長聯合促進會理事長

何鴻榮

+

兩岸關係發展牽動著台灣政局變動的走向，是一場得民心者得天下的博弈賽局。作者試圖從這四年多來發生的兩岸重大事件，以其敏銳的政治觀察角度，與第一線的兩岸往來互動經驗，為蔡英文總統與民進黨的勝選，勾勒出從點到線、從線到面的兩岸交鋒政治路徑與圖像。為未來兩岸關係發展找出可能化解僵局的解套方法，值得大家細細品當與回味，是一本不可多得的兩岸政治學亮點著作！

民進黨立法院黨團總召集人

柯建銘

寧靜中有熱情；平和中有驚喜。

看淞山的文章，是多重享受，像聆聽交響樂。題目是指揮，內文不同層次的訴說、論理及分析，就像樂團裡角色稱職的各種樂器。前一刻，體會到了民進黨歷史背景的理所當然；剎那間，又跳離了一黨思維的大局高度。

有如大、小提琴與鋼琴、大鼓和諧共鳴般，幫助政治成長環境完全相異的我，走進一座探索兩岸關係的桃花源。

他的觀點，超越意識型態，又能體現情感上現實的認同。除非功力夠深，論理夠有基礎，以及是非黑白、世俗利益早已超脫，很難建構他說服力強烈的文字系統。

他是益友。民進黨、國民黨和共產黨的益友。

推薦他的作品，只有一個理由：必須！

資深媒體人

周玉蔻

淞山兄是我多年的好友，一向勤於筆耕，在兩岸議題上一直有其獨到的見解。但總的來講，是站在歷史的高度，善意解讀兩岸政治的對話與互動，勸和兩岸方方面面的人物，將心比心，換位思考，消極地避免「敵意螺旋」的上升，積極地為兩岸的和平發展開拓願景。

此番集結近幾年所公開發表的評論成書，名為《弦外有音：蔡英文的兩岸協奏曲》，可見其用心及一貫的初衷。二〇一六年臺灣三度政黨輪替，蔡英文所領導的民進黨不僅贏得總統選舉，也首次在國會過半，達到完全執政。從二〇〇八年蔡英文主掌民進黨，重整該黨的兩岸路線，其核心內涵就是穩健與善意，讓民進黨在臺灣、在兩岸、在國際社會展現一種積極負責的高度，海峽兩岸雖各彈各的調，但盡可能雙方音律和諧。淞山兄聽出了蔡英文的兩岸協奏曲，想告訴讀者「弦外有音」，即蔡總統對兩岸和平的許諾與承擔。

台灣大學國家發展研究所教授
陳明通

看到淞山出版了《弦外有音》一書，為淞山感到十分高興。認識淞山近三十年，他從助理時代到保訓委員，到如今，身上總是有一股特色，就是專注樸實，做什麼事情就腳踏實地，做助理也是，做官員也是，迄今研究兩岸問題也是。

他做兩岸問題研究，不唱高調，不自我設限和封閉，他從他交流的各方所得，確確實實地研究兩岸長遠之路及民共之間解決問題之路，他不因怕得罪誰而不敢言，不因要得官位而為言，他只為民進黨的兩岸之路言，為兩岸之路花香鳥語而言。

淞山對兩岸充滿了誠懇、務實、經驗的心血，集結文章成書，值得一看，懂民進黨又懂中共的人才並不多見，淞山是其中之一，文章及建言字字珠璣，誠意滿滿。

資深媒體人、電視評論員　陳敏鳳

淞山是出身民進黨的知名兩岸專家，對兩岸敏感環節的評論分析，更常有內幕消息與獨到見解。如今他針對蔡英文執政前後的兩岸觀察結集出版，更值得兩岸重視。淞山長期的自我定位，就是如何克服民共的定位落差，爭取求同存異的和解空間，這本書同時提供了最權威的一手報導，以及最具洞察力的分析。

立法委員

＋

學者與媒體常以「冷和」或「僵持」，用以形容民進黨執政以來兩岸關係的內涵。對於這個現象，多數人解讀為彼此在「九二共識」的立場與認識上，存在明顯的差異與衝突所致。然而，國際政治的結構、兩岸政經體制的差異以及領導人的決策思維才是重要的背景。

作為資深的政治參與者與媒體評論者，淞山兄對於兩岸關係、台灣的政治發展以及民進黨的中國政策等議題都有專業且細膩的觀察。本書針對現階段兩岸的政治癥結提出的客觀地分析，也為雙方未來發展提出中肯的建議，值得深入閱讀。

專欄作家，前民進黨中國事務部副主任

兩岸關係直接、間接地影響著每一位台灣人民，它有如歷史般厚重，卻是難以迴避的現實課題。作者長期潛心觀察兩岸關係發展，著作評論，既堅持台灣主體立場又能秉持換位思考，對兩岸政情發展變化常有精確獨到之見解；批判背後更蘊藏著深切期許，始終不失知識份子人文關懷與溫厚，期待兩岸終究能夠找出一條遠離戰爭衝突對抗，邁向永久和平發展之道。本書既是政治評論集，也是當代歷史紀錄，值得所有關心兩岸關係者細品。

專欄作家，前民進黨中國事務部副主任

張百達

淞山是我最常請教的兩岸專家。

一九九三年辜汪會談四大協議，立法院應審查？備查？那時立院助理和國會記者有一讀書會，包括淞山和我共七位兄弟，立院最後三讀的就是我們的版本。

廿七年來，淞山早是各界肯定的兩岸專家，特別是他對民進黨各派系、各領導人的兩岸思維瞭若指掌，且常赴大陸實地查訪，精準掌握對岸的政策和變化。

除了看他的專欄，每隔一段時間，我都要請教他民進黨和對岸的內幕，這本書披露很多重點，更理性建議兩岸如何化冰共譜協奏曲，值得深讀。

年代電視台主持人

（簽名）

十

與陳淞山因文字結緣，迄今二十餘載。

他是台灣極少數願意專注於兩岸關係，台港關係研究的政論家，二十餘年筆耕不輟，常有真知灼見，一家之言，殊為難得。

此書出版的意義在於，於兩岸關係發展處於關鍵節點之際，為廣大讀者提供了觀察，解讀蔡英文主政前後，兩岸關係政策發展走向的獨特視角，觀點平實，不偏不倚，力求獨到。

值得推薦一讀。

時事評論員，香港資深媒體人

（簽名）

作者序

蔡英文弦外有音的兩岸協奏曲

兩岸關係發展的政治糾葛與歷史鴻溝，是相當難解的政治習題。兩個不同政治體制與文化時有交叉、偶有衝撞的相互激盪，創造出今天這樣一個既密不可分，又若即若離的特殊政治關係與現象。隨著中國大陸的政經崛起，台灣的政黨輪替政治變動，以及中、美關係的政治沉浮、消長演變與戰略平衡的布局變化，兩岸問題不再只是單純雙方主政者的政治動向，及各自民心的自由選擇與決定；統獨也不再是現階段迫切需要面對攤牌的兩岸難題。兩岸關係的國際因素或兩岸問題的國際化，逐漸變成終究難以迴避的政治顯學；正牽動著兩岸主政當局的決策思維，也變動與挑動著雙方民心變化的敏感政治神經。

正因爲如此，從二〇一二到二〇一六的兩次總統大選，蔡英文與民進黨經歷了兩次截然不同、冷暖自知的國際環境變化與兩岸政治攻防角力：輸贏勝敗的關鍵因素或許也有來自台灣內部的政經社會因素；但是，國際現實客觀環境的政治制約作用力量，以及蔡英文黨主席與其所領導的民進黨在二〇一六大選過程當中，在此問題上沒有犯錯、沒有失分，的確是奠定民進黨獲得勝選、全面執政的政治基石。這是四年來包括蔡英文在內的民進黨政治領袖與菁英，以及太陽花學運反黑箱服貿，與柯文哲效應旋風等等因素，所共同創造出來的政治結果。

本書的重點就是詳實記載、評論這四年來兩岸關係發展的政治事件與變化，包括：蔡英文與民進黨如何審時度勢，把每一場與兩岸問題相關連的事件，當作爭取台灣人民信任執政的機會與本錢；並善用謝長廷、林全登陸的戰略突破。陳菊、賴清德及其他民進黨縣市長與立委隨後陸續登陸的蝴蝶效應配合；再加上民進黨適時調整對中政策方向，往積極交流務實路線的發展，共同扭轉了外界對民進黨以往「逢中必反」的舊有政治印象，並且證明民進黨有能力處理兩岸事務。最後，蔡英文主席訪美行的華麗轉身，以維持現狀及在中華民國的憲政體制下推動兩岸關係發展的說法與論述主張，取信美國與國際社會並獲得支持認同，在選戰過程中又提出「不挑釁、沒有意外、好好溝通」，展現對中善意態度的誠意，因而得到台灣大多數人民的認同與支持，贏得總統與立委大選。

選後的兩岸關係發展，由於民、共政治互信基礎相當地薄弱，雙方又沒有真正的有效溝通管道，蔡英文總統的五二〇就職演說內容儘管已有善意的調整，但不盡切合大陸對兩岸同屬一中核心意涵的政治堅持，因而被大陸以「未完成的答卷」加以回應。自此，情況開始急轉直下，兩岸的官方與半官方聯繫對話溝通機制暫時停擺；其後又陸續發生雄三飛彈的烏龍試射、大陸客火燒車意外事件及所衍生總統輓聯風波，再因南海仲裁案的餘波盪漾……，局面更加複雜難解。尤其，相關國際因素蠢蠢欲動，兩岸政治對撞的因子與主客觀的國際情勢演變，正嚴酷考慮著蔡英文政府的執政態度與高度，稍一不慎處理就會產生政治極端化的可能發展結果。這是蔡英文相當重要的政治信任危機挑戰，也是兩岸關係發展會不會有「地動山搖」政治變化與衝擊的關鍵時刻！

蔡英文如何與大陸和弦協奏以突破兩岸困境重圍？如何在民進黨的台獨黨綱政治束縛，與大陸堅持一中原則的政治壓力下，取得安內攘外、穩中求進的政治平衡點？兩岸關係發展會是和平發展或加大裂痕？將是國際矚目的政治棋局！

陳淞山

目錄

第四章 大選前後的兩岸挑戰與鋪陳

第五章　就職前的兩岸政治溝通與準備

第一章

黨主席扭轉「逢中必反」印象

環顧這幾年來的歷史演變，長期以來，「逢中必反」是民進黨對中政策思維的政治罩門與盲點，蔡英文二〇一四年再次擔任黨主席後，努力積極扭轉此政治印象的作為，或許是為重返執政選舉佈局所為的政治舖墊工程，也或許是蔡英文已經清楚意識到這是兩岸關係發展正常化的政治障礙，必須有所處理與解決。無論其思考重點何在？的確是找對方向與方法的正確切入點。

1 優質兩岸關係的障礙在哪裡？

蔡英文在民進黨黨主席選舉電視政見會結論中提到，在兩岸關係上，維持和平穩定是重要的責任。在維持和平穩定中，要把兩岸交往從注重量的提昇到優質兩岸關係與兩岸交流，同時也必須要凝聚最大共識，讓兩岸交流回歸民主化與透明化，不再被特定政商人士壟斷，兩岸經濟必須從以前個別的商業利益，導向到整體國家經濟利益的兩岸關係。

問題是，在民、共政治對立僵局未解之前，倘若民進黨再度執政，如何做到「優質兩岸關係與兩岸交流」以維持兩岸的和平穩定？讓兩岸交流回歸民主化與透明化或許能夠部分解決特定政商人士的壟斷問題，但要想藉此「程序問題」將兩岸經濟發展的偏差現象，導向整體國家經濟利益爲基礎的兩岸關係，恐怕也是太過樂觀的期待，與兩岸現實的政經發展環境明顯有所脫節。

其實，蔡英文主席是個有思想內涵與行動方向的政治領袖，其對兩岸關係的發展也能充分掌握問題的所在與緣由背景，但也因爲如此，她對兩岸問題與對中政策的處理，常過度偏重說理、論理的分析與推論，卻又不願意拿出針對問題、解決問題的具體方法與策略，導致外界對她每有「陳義過高」、「曲高和寡」的疑慮與批評，這是蔡英文不願意媚俗的政治性格使然，但卻又是政治人物在選舉過程中回歸現實政治所難迴避的政治盲點。蔡英文若無法克服此理性政治與現實政治思維層次的落差，拉近與民衆的認知距離，恐怕還是重蹈二〇一二年的覆轍！

蔡英文的優質兩岸關係與兩岸交流說法，基本上，是反映了目前兩岸關係發展失衡偏差的政經現狀，台灣多數民衆也有較深刻的體會與認同感，但卻難以相信民進黨主政後有能力改變此問題與現狀。尤其，倘若民、共對立僵局遲未解決之前，又如何信賴民進黨可以不破壞兩岸關係和平發展的大格局，且能導正目前已經失衡的兩岸政經關係呢？畢竟，很多問題的解決關鍵還是掌握在中國大陸手上。

因此，民進黨應首先從解開民、共交流的政治障礙作起，去除逢中必反的政治思維與態度，凍結台獨黨綱，概括承認與中國大陸政治連結的中華民國憲政體制，都是相當具體可行的務實方案。唯有如此，中共當局也才可能與民進黨展開黨際交流，甚至可能願意正視「中華民國事實存在」的問題，以開啓兩岸政治對話的大門，共同謀劃兩岸長期和平穩定與解決兩岸政經失衡的政治可行方案。

兩岸交流的民主化與透明化，其實中共當局並不反對，因爲唯有如此，才能實現大陸領導人「兩岸一家親」、「寄希望於台灣人民」的政治目標，創造兩岸的互利與共贏，蔡英文主席的論點未必與中共當局對台政策與思維有所牴觸。問題是，民進黨必須與中國大陸增強政治互信的基礎，才不會被解讀爲又是另一種「逢中必反」的政治操作，畢竟，中共當局是不會公開承認目前兩岸交流是不民主、不透明的情形，要想說服他們以行動代替論述，共同解決兩岸交流的問題與障礙，唯有民進黨眞的能夠展現政治交流的誠意與積極訊號，中共當局才能有默契地配合演出。

政治原本就是妥協的產物，蔡英文主席必須誠心面對兩岸政治罩門，才能解決執政的最後一哩路問題。兩岸關係發展錯綜複雜，不是提出問題與方向便能解決，蔡主席要想建立優質的兩岸關係與兩岸交流，必須認清問題的障礙在於民、共關係正常化問題，若不能以具體行動與誠意打破民、共關係的對立僵局，要想導正兩岸交流的偏差與失衡，恐怕還是只能自說自話難以服衆吧！

二〇一四、五、十九

2 蔡主席如何成為可以信賴的領導人？

蔡英文主席上台後面臨的挑戰很多，與公民社會團體議題合作的分進合擊，對兩岸交流的具體行動以及對中政策的定位處理，七合一選舉的政治攻防，甚至對國內經濟民生議題的政策主張，都是難以避免的棘手事務，蔡英文如何帶領民進黨扭轉外界對黨的負面形象與觀感？重拾台灣人民對民進黨信賴執政的信心，絕對是蔡英文做爲備受期待的政治領袖能否眞正蛻變爲可以信任的台灣領航者最大的考驗？

總統選舉敗選兩年多後，蔡英文雖然回鍋擔任民進黨主席，也是民進黨內最受期待的二〇一六總統大選可能提名人，並不是因爲她這段期間來有何特殊的表現或政治貢獻而獨受青睞，而是她原來的黨內外政治對手蘇貞昌主席與馬英九總統表現太差、犯錯太多造成人民反感所致，再加上民進黨內其他可以接班的中壯代政治菁英，迄今還難有令人耳目一新的突出政治表現，所以，蔡英文才有機會與政治實力可以捲土重來擔任黨主席再戰總統寶座。

國民黨的無能與失能領導，台灣的民生經濟發展每況愈下，民怨四起、百業凋零，大學畢業生找不到有發展前景或安身立命的工作，只能在二十二K的工作職場中勉強糊口，這已不是台灣喪失國家競爭力的危機而已，而是台灣的經濟嚴重惡化、產業投資環境優勢不再的「均貧」社會前兆，再加上兩岸關係無法正常化發展，失衡的兩岸經貿關係造就了台灣某些政商集團迅速累積財富的特殊壟斷利益，但同時也帶來了台灣社會日益嚴重的貧富差距，人民的痛苦指數迅速上升，不安的情緒日益升高。

馬政府雖然必須爲台灣經濟的敗壞負起最大的責任，但民進黨也沒有因爲國民黨的無能主政獲利，台灣多數人民普遍對國、民兩黨的表現感到失望、灰心，因爲民進黨並沒有展現可以拯救台灣現況與經濟危機的政治能耐，被譏爲「逢馬必反」。所以，台灣的公民社會運動藉著新聞事件此仆彼起，隨著對兩大黨的不滿情緒在街頭加以宣洩，太陽花學運、反核四運動……等社會抗爭活動屢見不鮮！

蔡英文主席雖然是一個可以期待的政治領袖，但未必眞的就是一位可以帶領台灣走出政、經與社會亂象及困境的領導人，她必須先解決民進黨與公民社會團體角色認知差異、行動步調謀合、與政策議題訴求的整合等問題，才能有效發揮喚醒台灣社會公民意識的政治張力，又能與公民社會運動力量相結合，逼迫馬英九政府讓步或改弦更張。但無論如何，民進黨終歸還是必須面臨理想政治與現實政治差距的對立與衝突，還是可能與公民社會團體產生競爭的對立緊張關係，蔡英文如何在合作與競爭的政治關係中取得平衡點？當然是一大挑戰！

兩岸問題，尤其是兩岸經貿問題，是蔡英文主席的政治強項，也是民進黨的政治罩門所在，如何在紅、藍、綠政治失衡的三角關係中找到平衡與共識的政治基礎？如何在已經嚴重失衡的兩岸經貿關係中找到可以互利雙贏的合作空間？對兩岸服貿協議、兩岸協議監督條例與自由經濟示範區條例審查的爭議，有沒有更務實開放的作法與對策改變外界「逢中必反」的政治印象及批評？

蔡英文主席邏輯思考能力很強，說理、論理的本領也不錯，但其主張與論述雖能引人注目但卻難以打動人心、激發共鳴，其優質兩岸關係與兩岸交流的看法雖對外界有吸引力，但還是讓人摸不著具體的計劃輪廓可以相互呼應，難免讓人有陳義過高、曲高和寡與比較空洞的質疑，若不能改正或補正其政治弱點，恐怕也只能淪為政治口號難有說服力！

總之，圍繞台灣的問題很多，也很麻煩，蔡英文主席能否為台灣找到解決問題的良方？大家都在期待！兩岸問題是台灣政經社會問題的政治縮影，我們更期待蔡英文能夠發揮所長拿出具體的解決方案並付諸行動，讓我們可以信賴民進黨員的具有處理兩岸事務的執政能力，讓我們對台灣的民生經濟重燃信心與希望。

二〇一四、五、二十六

3 扭轉民進黨逢中必反的勇氣與承擔

繼去年到香港行銷城市觀光，台南市長賴清德終於登陸上海進行藝文交流與醫療觀光推介活動，於此同時，外傳蔡英文主席在日前中國事務委員會談話會時表示，如果中共國台辦主任張志軍能來台訪問，只要雙方不設任何前提，她可以在民進黨中央與張志軍碰面。

前述種種皆顯示，民進黨目前正蘊釀展現對中交流的善意與積極態度，試圖扭轉外界對民進黨逢中必反的政治印象與觀感。只是，令人感到好奇的是，爲什麼蔡主席上任後就突然改變以往的保守作風對大陸示好？是選舉利益考量大於兩岸關係發展的利益衡量？或者是民進黨眞的願意調整對中交流與政策路線，往務實開放方向發展，是否對於原本採取技術杯葛的兩岸服貿協議、兩岸協議監督條例、以及自由經濟示範區條例審查立場即將有所鬆動，準備在黨籍立委與執政縣市長、黨中央的「共識營」中有積極轉變的方向與態度？

事實上，賴清德的登陸交流，事先必須與大陸國台辦有所聯繫及溝通才能成行，行前的保密工作能做到滴水不漏的情況，的確必須雙方有極高的政治默契與互信才能達成。因此，賴清德市長此次的破冰之旅不僅意義非凡，顯示雙方的政治互信程度頗高之外，也同時意味著大陸當局相當重視賴市長的政治行情與價值，也願意藉此政治互動與交流的「默契」，推動民、共交流的友善環境以及促進民進黨對中政策的轉型與調整，這是好事。

當然，賴市長的登陸訪中對他而言，不僅能夠強化他在二〇一六總統大選擔任民進黨總統候選人搭檔副手的政治機會，也對他二〇二〇以後參選總統的出線競爭帶來相當大的好處，畢竟，賴市長目前就是民進黨萬一二〇一六再敗選總統之後，最具參選總統人望的首選人物，「大陸經驗」是他無以迴避的政治必修學分，這次的登陸破冰，當然就是他「臨門一腳」的政治突破，時間與政治氛圍的拿捏都恰到好處、恰好其分！

甫上任便展現開明決策用人領導風格的蔡英文，在內部談話上拋出願意與中共國台辦主任張志軍碰面的消息，這與她當年帶領民進黨包圍首次登台訪問的海協會會長陳雲林的情形，可以說是一百八十度的大轉彎，這是兩岸政治主客觀環境及情勢已經變更後的轉變，也是蔡主席希望對大陸展現積極交流善意態度的重要風向。或許是爲了未來民進黨新境界基金會的登陸「智庫交流」做好鋪墊工作，也或許是爲了重返執政最後一哩路的兩岸罩門政治解套「先試先行」，但民進黨願意敞開大門迎接中共具代表性與政治意味濃厚的國台辦主任登門拜訪，這是相當不容易的心態調整，對民進黨長期以來給外界「逢中必反」的政治觀感，絕對是有相當大的改觀作用，蔡主席雖然必定會遭到黨內基本教義派人士的圍剿及批評，但她卻能勇於承擔展現兩岸積極交流與逐步建立民、共正常往來關係的開放格局，用具體行動代替論述來改變民進黨的政治對抗舊思維，試圖化解兩岸對立的政治僵局，這是蔡英文的一小步，卻是民進黨非常難得的一大步！

總之，民進黨最具代表性的兩位政治領袖蔡英文主席與賴清德市長，紛紛展現對中交流與互動的善意與創新格局，這是打開民、共交流政治障礙的契機，也是中共可以務實調整對台策略以及對民進黨政治對抗僵局有所解套的一大轉機。我們希望雙方都能理解對方的政治困擾並理性處理雙方的難題，拋棄以往相互敵視的不正確心態，好好開展雙方的互動與交流，這才是兩岸關係和平發展不可違逆的時代潮流與趨勢，也是兩岸人民最希望看到的結果！

二〇一四、六、六

4 從人事佈局與凍獨案看民、共關係發展

曾經代表民進黨參選二〇一二總統大位的蔡英文，是個謎樣的政治人物，是在政治派系林立、草莽味道相當濃厚的民進黨中，至今少數能夠竄起統合眾多政治菁英的女性領導人，她曾是中共涉台系統定調的「法理台獨」代表性人物，也是如今中共當局最想打交道的民進黨政治領袖。未來，她可能成爲台灣首位的女性總統，兩岸關係的發展道路絕少不了蔡英文這號政治人物的共同參與及推動。

上任黨主席便重用謝系的立委趙天麟擔任中國事務部主任的蔡英文，不是只爲了派系平衡與世代交替而啓用新人，也不是爲了拉攏謝長廷或謝系而善意示好，她所衡量的重點是，趙天麟個人在黨內是人和極佳、較無政治爭議色彩，雖有謝系政治背景作爲奧援，卻無謝長廷個人從政經歷樹敵過多的政治包袱，比較容易爲黨內其他派系接納其主張，不會因人廢事、因人廢言。蔡英文的確在對中政策的人事佈局上下了一步好棋，再加上重用對中政策務

實路線的前立委邱太三擔任副祕書長角色，與趙天麟相互輝映與襯托，民進黨對中政策的務實開放與轉型，民、共交流互動新契機的開啓，將是時機成熟、水到渠成的發展結果。蔡英文深知「用對人」搞好兩岸關係，以後兩岸政策的調整與變化只是時間問題而已。

看起來，蔡主席不僅相當理解兩岸問題與對中政策的政治統合對她的領導能力考驗是大事情，且黨中央與黨籍立委、執政縣市長也必須對兩岸服貿協議、兩岸協議監督條例與自由經濟示範區條例等議題採取步調一致的立場，而中國事務委員會更需發揮積極進取的對中政策定位統合功能，納入蘇貞昌前主席與幾位青壯派代表與會，更能塑造化解分歧、集體決策的政治氛圍，以分享權力、共同承擔責任方式來解決民進黨的兩岸罩門及困局。

重視集體決策分享權力

以前的蔡英文主席，領導作風頗爲強勢，對於她所擅長的兩岸事務領域除了尊重政策幕僚的規劃、鋪陳外，極少與其他黨內天王領袖共同研商、溝通，導致黨內要角各吹一把號的情形屢見不鮮；如今，甫上任的蔡英文主席似乎改變作風，嘗試調整「封閉決策」的孤芳自賞政治性格，以擴大決策體系的集體領導方式，整合黨內政治歧見以累積共識，最後形成具厚實政治基礎的「黨意」來對外爭取支持與認同。顯然，一向執著於「菁英政治」、「專才決策」的蔡英文主席，或許看到了馬英九總統主政六年多來的政治領導問題與缺失，或許也深刻體會到自己從前的決策盲點與瓶頸，開始正視民進黨內誰都不服誰的草莽政治文化，正需要主其事的領導者扮演政治溝通、整合決策、統一號令的角色，發揮「共識政治」、「通才政治」的作用來決定重要事務大政方針，尤其是對中政策的產出與決定，更是需要如此！

想當年，曲高和寡的「和而不同，和而求同」，不僅讓人摸不著頭緒，搞不清楚其眞正的政治意涵，選民根本無從附和傳誦；缺乏具體內容與政策藍圖的「台灣共識」，雖有「十年政綱」的政治鋪陳，但總讓外界彷彿霧裡看花一樣難窺全貌，畢竟數千字、萬字的十年政綱若不具體簡化成明確的政治主張或選舉口號，還是抵擋不住一句「九二共識」的政治圖騰，通俗的政治語言還是戰勝了具有深度、廣度的政治學問，這就是「世俗政治」的無奈與選擇，長期在學術界或官僚體制的蔡英文主席應該已經深刻體會到其間的政治奧妙之處了！

對張志軍訪台展現善意

甫上任便展現開明決策與用人領導風格的蔡英文，歡迎大陸國台辦主任張志軍來台訪問，傾聽台灣多元社會的民意心聲，並表示願意「不設任何前提」與張志軍碰面，最後雖未如願以償，但也的確因此促成張志軍與民進黨天王領袖、高雄市長陳菊的會面溝通，同時，也為張志軍主任的訪台排除政治障礙與營造兩岸善意交流與互動政治氛圍，發揮了臨門一腳的「政治助攻」效用，值得肯定。

事實上，張志軍訪台的「溝通之旅」，就是中共「棄統戰行溝通」的對台政策調整，是貼近台灣基層與地方民意的「傾聽之旅」，兩岸交流不再只是國共兩黨的政治專利，也不再只是「高層政治」下政商權貴杯觥交錯的錯誤示範，而是回歸以民爲主、「平民政治」的基本精神與內涵，用「兩岸一家親」的同理心彼此理解並尊重雙方的政治差異與歧見，共同尋找最大的政治公約數，來推動兩岸關係和平發展共利共贏的新局面。這是兩岸融合發展的政治關鍵，也是大陸必須改變對台政治統戰宣傳刻板印象，所必須展現的政治格局與「大國風範」。

是以，蔡英文主席勇於承擔，展現對中政策的善意，以營造雙方和解政治氛圍來打破民、共對立僵局，而大陸當局也對民進黨開始釋出善意，除讓前國台辦副主席孫亞夫登門拜訪本土智庫、台獨大本營新台灣智庫，與台獨大老辜寬敏、前行政院副院長吳榮義進行溝通對話外，也讓國台辦主任訪台時與高雄市長陳菊會面溝通，進行「回訪」交流。這都是改善民、共政治關係的積極訊號與創新作爲，是民、共領導人刻意共同攜手營造的善意氛圍。

然而，七月二十日民進黨全代會召開前夕，因爲獨派會師抨擊蔡英文「凍獨形同凍結民進黨」的政治要脅，迫使蔡不得不表態捍衛台獨黨綱，導致全代會的「凍獨」與「落實台獨」提案未經辯論便交回中執會處理，民、共交流開啓的政治旋轉門因而受此嚴重波及。這對民進黨重返執政的最後一哩路，無形中又增加了沉重的包袱，未來蔡英文參選總統的「路障」將如何加以排除？更考驗著她的政治智慧與魄力格局。

凍獨爭議是重大挑戰

基本上，台獨是政治信仰，是政治符號，是中共與民進黨互動交流最大的政治障礙。在民進黨內部，「凍獨」與「落實台獨」都說是要救民進黨、救台灣，爲什麼追求相同的政治目的卻出現這兩個極端對立與矛盾的政治主張呢？到底問題出在哪裡？這是民進黨必須面對處理的關鍵問題。可惜的是，民進黨全代會是派系角力爭地盤的地方，是換票、騙票的政治交易中心，既無能力面對台獨黨綱的根本問題，也不願眞心解決台獨黨綱、台灣前途決議文與正常國家決議文三者相互糾葛、爭議的混亂與矛盾之處，這就是目前民進黨最爲人所詬病的政治困境與問題。

日前的獨派會師重批蔡英文主席，「若敢凍獨，人民會凍結民進黨」，民進黨認爲凍結台獨黨綱可以爲中國政策解套，這是一廂情願的想法，委屈不能求全，只會自我閹割。台獨聯盟主席陳南天表示，國民黨與民進黨的差別，在於民進黨視台灣爲主體，國民黨視中國爲主體，如果民進黨拿掉台獨主張，和國民黨有什麼兩樣？蔡英文「中華民國就是台灣，台灣就是中華民國」的說法，讓國民黨有統治正當性，他認爲，台灣就是台灣，不希望看到民進黨國民黨化，台灣香港化。

顯然，按照獨派的說法，民進黨是該高舉台獨大旗才能打贏選舉，打敗國民黨，那麼，民進黨內爲什麼還要在一九九九年通過台灣前途決議文來取代台獨黨綱「建立台灣共和國」的主張，以爭取多數選民的認同呢？是政治策略的權謀運作？或者，只是獨派人士一廂情願的政治認知錯誤所致？否則，從兩千年的總統大選至今，何以民進黨內的主流思想與選戰主軸都是以台灣前途決議文爲根據而非台獨黨綱呢？

是民進黨人格分裂，不敢承認台獨建國的訴求已經過時須加以凍結或廢除？還是不敢明白支持台獨主張以落實台獨黨綱的政治目標呢？無論如何，作爲一個準備執政的台灣最大在野政黨，總要給一個清清楚楚的答案，讓人民有所選擇與判斷！因爲，攸關台灣人民生存福祉的台灣前途定位問題不能含糊帶過，主張「台灣是一個主權獨立的國家，國號就是中華民國」的民進黨，與國民黨所說的「中華民國就是一個主權獨立的國家」，本質上原本就是相同的東西，雙方競爭的關鍵是政治意涵所側重的詮釋角度，與其所涵蓋的政策主張差異之處，重點根本不在「台獨」問題！

因此，凍不凍結台獨黨綱，從來就不是拋不拋棄黨魂的政治道德與人格問題，而是政治選擇與價值判斷的問題。凍結台獨黨綱，民進黨也不會從此就國民黨化，也不會無法與國民黨相區隔、相競爭；重要的是，民進黨有沒有能力在強調台灣主體性的基礎下，找到可以立足台灣、放眼世界與平衡中國的政、經、社會「政略」方案，而不是在台獨或統一的政治對立圖騰情緒的漩渦中難以自拔或脫困。

以新決議文解決凍獨問題

民進黨要不要或能不能凍獨原本就是一大政治難題，其中也牽扯太多政治情緒與情感的問題，雖短暫時間難以獲致共識加以處理，但為了展現負責任的政治態度，給台灣人民與國際社會一個清楚的立場與交待，是該嚴肅評估、考慮以台獨黨綱、台灣前途決議文及正常國家決議文統合處理，並提出新決議文的時機與內容了，期許民進黨中執會及中國事務委員會能夠排除萬難認真研究，「想想」如何拿出一個展現民進黨基本精神與價值理念，並能讓台灣內部、國際社會與對岸都能耳目一新的「新決議文」。

蔡英文日前接受天下雜誌專訪中，她針對兩岸關係，認爲中國最怕「壓錯寶」，只要民進黨打好二〇一四九合一大選，連中國都會朝民進黨方向來調整，她有信心，兩岸關係不會因爲政黨輪替受到影響。

個人相信，民進黨內的政治菁英多數與蔡主席的想法持相同論調，這也就是爲什麼民進黨內，普遍認爲雖然台灣前途決議文已經是黨內的共識，某種程度也已取代台獨黨綱，但凍獨根本沒有必要性與政治價值的原因。畢竟，倘若民進黨打贏九合一大選，中國大陸就會更加重視民進黨的政治實力，對台獨黨綱的反應自然也就不會那麼的強烈了！

壓寶說是冷戰過時產物

蔡英文的論調放在二十年前中國大陸經濟正在崛起但尚未起飛的階段，應該是相當持平且務實的政治論調，可是在歷經陳水扁前總統執政時期的兩岸關係發展困境，以及中國大陸近十多年來的經濟成長、與其國際政治縱橫經緯的環境變化之後的今天，蔡英文的說法不僅與事實脫節且不切實際，而且更嚴重暴露了蔡英文個人對中國大陸政經形勢認知的可能誤解，讓人不禁爲她這位準總統候選人捏了一把冷汗。

就兩岸關係和平發展大局來看，中國大陸已經有充足的自信心不怕「壓錯寶」，不論國民黨或民進黨未來誰能夠執政。畢竟，就如同蔡英文所言，「兩岸關係不會因爲政黨輪替受到影響」，大陸當局眞正關心與擔憂的是，萬一民進黨重返執政，會不會把台灣帶往台獨的道路去發展？這才是兩岸關係會不會因政黨輪替受到影響的關鍵所在。

因此，是否凍結台獨黨綱？就是大陸當局與其涉台系統考量、評估民進黨，是否展現對中政策務實轉型的重要政治指標與積極訊號，也是其調整民、共交流速度與寬廣度的重大判斷基礎。大陸不怕壓錯寶，也不畏懼民進黨可能的重返執政，大陸擔心的是，民進黨執政後會把台灣帶到哪裡去？會不會因爲台獨黨綱的繼續存在，破壞了兩岸關係和平發展的大局！

然而，從民進黨與蔡英文主席的政治角度來看，「台灣就是一個主權獨立的國家，只是國號就是中華民國」，這是民進黨內的共識，也是台灣社會的共識，以台灣前途決議文爲基礎，民進黨不會再搞台獨建國的政治圖騰；民進黨縱使執政，也只會繼續保護台灣獨立的現狀，既然如此，兩岸關係也不會因爲民進黨執政，政黨輪替而受到影響，因此只要民進黨能夠打贏九合一選舉，中國大陸自然就會朝民進黨方向來調整「對台政策」，台灣人民就會信賴民進黨有能力處理好兩岸關係。

所以，這成了「蛋生雞、雞生蛋」的問題，民進黨與中國大陸的政治認知差異之處也就在這裡，民進黨認為不修改或凍結台獨黨綱，只要打贏九合一大選，中國大陸就會調整政策「忍受」民進黨的可能執政；而中國大陸則希望民進黨放棄台獨立場，否則，縱使民進黨能夠執政，也很難處理好兩岸關係，更遑論能夠穩定執政。

兩岸關係發展不是誰壓對寶、壓錯寶的「政治賭注」問題，而是要有「同理心」共同解決問題、化解歧見的誠意與態度問題，否則只會淪為雙方「政治博弈」的輸贏與不理性情緒反應，蔡英文主席的「壓寶說」已是過時老舊、錯估形勢的政治誤判，是冷戰時期兩岸關係政經環境思維模式的產物，恐怕很難跟得上現代兩岸關係發展新情勢的變化與新局了。

以黨內和諧處理凍獨案

民進黨全代會蔡英文技巧擱置凍獨提案送交中執會研議、討論，並表示「有必要時，不排除再開全代會處理」。各方解讀不一，有的認為是「智慧的處理」，可拉大蔡未來在兩岸政策的論述空間，有的解讀是台獨支持度持續上升，「凍獨」案難在中執會死灰復燃，有的人則直接批判蔡英文，認為凍獨案其實最大獲益者是蔡英文。

對照蔡英文在全代會前夕間接表態反凍獨的說法：「隨著台灣民主化，建構深厚台灣意識，認同台灣、堅持獨立自主的價值，已成年輕世代的天然成分，這樣的事實，這樣的狀態，如何去凍結？如何去廢除？」雖是回應其政治對手前主席蘇貞昌在臉書表示「凍獨與否，黨應及時表態，才能避免誤解」的質疑，但蔡主席此次表態反凍獨的論調顯然是「有備而來」的政治宣示，一方面反對凍獨，另一方面則高舉「台灣前途決議文」既是民進黨內部對台灣主權、台灣前途以及兩岸定位的共識，也已成為台灣人民的共識。顯然，蔡主席已確立以「台灣前途決議文」為基礎來形塑其兩岸政策的定位立場，但不會主動去處理台獨黨綱的凍結或落實問題，全代會的技巧擱置「凍獨」案與「落實台獨」案等提案交中執會處理而不直接予以封殺，只是為了黨內和諧，避免爭議引發內訌的政治處理策略與技巧，並非預留未來凍獨案的政治處理空間，擺明就是婉轉迂迴地封殺凍獨案的可能性。

既然如此，未來民進黨中執會或中國事務委員會縱使有人主動再提起凍獨案，也必然會被蔡英文以各種理由無限期加以擱置，因此，二〇一六大選前民進黨根本不會也不願意處理台獨黨綱的爭議問題，這就是蔡主席的政治選擇與決斷。換句話說，就如同蔡英文的「壓寶說」：民進黨會以政治實力打贏二〇一四與二〇一六的大選，中共自然就會在兩岸關係上往民進黨方向來調整，民進黨不認為台獨黨綱是政治障礙，因為「台灣前途決議文」才是民進黨兩岸定位的最高指導規範與原則。

反觀中共當局的反應，大陸國台辦在民進黨全代會後隔日即對外表示，台獨是沒有出路的，想以所謂的「台灣前途決議文」來處理兩岸關係也是行不通的，民進黨只有放棄「一邊一國」的台獨主張，才是順乎民意的正確抉擇。雖是老調重調的政治論調，但的確精準判讀蔡英文迂迴處理凍獨案的政治思維脈絡與立場，顯然，中共當局也相當清楚蔡擺明的就是在封殺凍獨案。

因此，目前看起來民、共雙方之間並沒有調整既有政治立場或改變策略，來解開彼此交流或和解的困局與僵局，民進黨未來縱使會在兩岸政策展現善意且較爲務實的態度與主張，但其所捍衛的「保護台獨」立場也絕對不會發生動搖，而中共當局縱使願意與個別民進黨人士或相關智庫繼續保持交流互動，但對反台獨的政治堅持也不會因此有所改變或調整。

所以，民、共對立的政治僵局依然無解，兩岸和平發展的推動仍然滿佈荊棘、障礙重重，或許這是兩岸關係的政治宿命，也是民、共之間難以打開機會之窗的政治牽絆與包袱。然而，我們還是必須反問，如果台獨黨綱眞的就是民進黨重返執政的最後路障，難道眞的還要視而不見、故意不去處理嗎？倘若，民進黨眞的也重返執政了，而台獨黨綱的存在眞的也成爲兩岸交流與民、共互動的政治障礙，難道就不能加以移除嗎？或者眞的就「以不變應萬變」嗎？

兩岸本無事，何處惹塵埃！民、共之間沒有歷史仇恨，有的是文化連結，當大陸當局開始願意傾聽「台灣聲音」時，民進黨蔡英文主席倘若願意拋開選舉考量，對大陸伸出更多的和平橄欖枝，強化雙方的政治互動與互信，會是兩岸關係發展的一大步，也是民、共關係必然走向和解且正常化開展的歷史契機，需要雙方好好珍惜這相當不容易的政治機遇。

二〇一四、八、七

第二章
兩岸難題提早攤牌

暗潮洶湧的兩岸難題這政治罩門，是蔡英文最難迴避與拆解的政治障礙，在總統參選政見以「維持現狀」為政治論述核心概念的蔡英文，如何找到「峰迴路轉」的解套之計？正考驗著蔡英文的政治智慧與視野格局。

1 「兩岸領導人會談」一定要在國際場合嗎？

最近，中共國台辦副主任龔清概訪台進行交流，透過台灣外交部與陸委會轉遞總統府，邀請參加十一月在北京舉行的亞太經濟合作會議（APEC）。對此，民進黨主席蔡英文表示，馬英九想藉機促成馬習會，在野黨在意的是國會應有監督的機制。不少人認為對岸透過國台辦副主任來遞交APEC邀請函，層級太低，她認為政府與對岸應該正視這些細節。

其實，蔡英文並不是眞的在意由龔副主任遞交邀請函的層級太低矮化台灣的情形，她眞正關心的問題是為什麼沒有依照慣例，由主辦國外交系統的重要官員來台遞交邀請函，反而是由國台辦官員來遞交，似乎是把台灣出席亞太經濟合作會議的「國際場合」當作「兩岸關係」的問題來加以定位處理，明顯不利於台灣在國際經貿組織的活動，損及台灣的國際地位與發展空間。

因此，蔡英文更在意所謂的「馬習會」。她曾表示，如果馬習會有助於台灣對外關係的拓展，這不是一件壞事，但問題在於馬習會要達成的目標是甚麼？台灣必須付出甚麼樣的代價？馬政府在處理兩岸事務或很多對外事務，都看不到一般民主國家所要求的透明度和國會監督的機會，這也是外界長期以來對馬政府最大質疑的所在。

顯然，蔡英文支持有助於拓展對外關係的馬習會，但不能認同或支持僅對兩岸關係發展有影響的馬習會，尤其是缺乏透明度與國會監督的馬習會更是無法信任及支持。因此，倘若目前兩岸執政當局如秘密協商將於APEC會議之後進行所謂的馬習會，蔡主席應該也是不表支持。

然而，兩岸領導人會面原本就未必一定要在國際場合，未來因為兩岸關係發展到某種程度的政治需要，進行領導人會談本就無可厚非，何必一定要冒然牽扯台灣對外關係的拓展呢？陳水扁前總統執政初期便曾提議進行兩岸領導人會談，只是當時主客觀環境不允許而作罷，也沒有一定要與涉外關係有所關連，蔡英文的說法或許是想強調馬習會必須在APEC的國際場合，也或許因為對馬習會兩岸秘密協商的政治操作有所質疑所致，但卻未必符合兩岸關係發展的政治現實與實際效用價值。

儘管如此，個人認為，APEC會議的非正式領袖會議進行馬習會，或許因為兩岸主政者各有政治考量而已破局，但對於兩岸關係發展所可能進行的馬習會或兩岸領導人會面，都應該持正面肯定的心態來加以看待。畢竟，這是未來兩岸關係發展進程中，必然會看到的局面，未必因為涉及台灣對外關係的拓展，也可能是因為兩岸政治需要或民意所趨而促成。真正重要的是兩岸領導人會談當中要談的主題與內容，對台灣未來的發展到底是有利或不利？這是蔡英文未來當選總統所必須體認的政治現實與格局，切莫因為侷限於在野思考的狹隘格局而喪失掉自己未來的政治操作與彈性處理空間。

當然，兩岸協商也好，兩岸領導人會談也好，都應堅守民主、透明與對等的原則，強化立法院的事前與事後監督機制，民進黨應儘速促成兩岸協議監督條例草案的立法審查進度，早日完成法制化的監督程序，並適時加入有關兩岸領導人會談的國會監督處理機制，以免未來眞的發生兩岸領導人會談的情況卻又再度陷入無法可治、無法可管的困境及窘境了！

二〇一四、九、五

2 民進黨應召開「台灣共識高峰會」展現執政能力

贏得九合一大選的民進黨，蔡英文在選後首次中常會發表「穩定社會、安定民心」的講話。她表示，「我們絕不自滿，我們之所以得到人民的支持，是因爲人民對執政黨不滿，期待改變，這樣的力量，已經超越政黨對決的格局，讓選舉變成一場運動，民進黨在這波浪潮中，成爲人民力量的承載者。」

顯然，蔡英文的確深刻體認到，這次的勝選雖是對國民黨執政的不信任投票，但不代表民進黨的勝利，台灣人民是用選票狠狠教訓了執政的國民黨作爲民怨的出口，但超越政黨對決的人民力量並未眞正把希望完全寄托在民進黨身上，柯文哲現象與旋風正反應出這樣的政治意義及警訊，可藍可綠的中間選民與年輕選票隨時可超越藍綠，左右政局發展的結果。因此，蔡英文定調這場選舉的結果，「是人民對於優質治理的期待，而不是政黨競爭的勝敗」，戒愼恐懼的心情溢於言表。

而接下來的是，是民進黨中央與立院黨團及十三個地方執政縣市如何展現優質治理能力的政治競爭，其政治對手已非無能主政、搖搖欲墜的國民黨政權，而是如何結合社會最大的力量與共識，對於台灣當前所面臨的各種挑戰，共同找尋解決問題的契機與可能。換言之，民進黨必須拋開在野監督制衡的政治格局，以準執政黨的角色處理國家與地方發展的難題與障礙，超越重返執政、政黨競爭的政治侷限，展現「得民心者得天下」的執政能力及格局。

台灣民衆對僅剩一年半任期的馬政府已無所期待，國民黨內換湯不換藥的換閣揆、辭黨魁，明顯就是權鬥接班的政爭遊戲，當然更讓人民深惡痛結，換黨執政只是時間問題！然而，民進黨倘若不能以此爲戒，迅速回應人民的政治期待與需求，僅以重返執政作爲政治目標，縱使能夠達成政黨輪替的結果，恐怕也無法贏得多數人民的信賴而能夠「穩定執政」。

民進黨要重返執政、穩定執政的罩門就是「兩岸問題」，這不是憑藉著「積極交流」的口號或行動便能解決，也不是承不承認「九二共識」或凍不凍結台獨黨綱便可迎刃而解。過去支持九二共識的國民黨，並沒有眞正解決台灣民生經濟、貧富差距懸殊、低薪高房價的問題，只是造成圖利財團與政商權貴的不正常現象，如今成爲國民黨九合一敗選的眞正原因，馬英九的兩岸政績變成沉重難載的政治包袱，台灣內部的反中價値觀與意識因而抬頭。

民進黨要面對的兩岸問題：是如何在穩定兩岸關係和平發展的前提下，共同促成兩岸鞏固交流、深化交流與互利合作，並導正兩岸政商權貴買辦政治的不正常偏差情況？

所以，民進黨未來的國家總體發展藍圖與路線，必須正確處理兩岸問題，必須在「發展與均衡」並同時兼顧世界觀與兩岸觀的原則下，去重建兩岸關係發展的新秩序與價值觀，才能根本解決兩岸政、經與社會發展的關鍵問題，不是採取「從台灣走向世界」、「從世界走向中國」的政經策略便能處理。

民進黨不能虛耗未來一年半的政治光陰等待執政，蔡英文也不能等到選上總統才展現執政能力面對兩岸問題；民進黨應該積極主動率先對外宣示，結合台灣產官學與公民社會的力量共組「台灣共識聯盟」，在明（二〇一五）年六、七月召開超越黨派的「台灣共識高峰會」，全面檢討台灣的民主經濟與兩岸關係問題，並提出解決對策與共識結果，帶領台灣走向新的未來與希望願景，這才是展現執政能力的民進黨該有的政治格局。

二〇一四、十二、四

3 蔡英文的兩岸魔鏡與魔戒？

蔡英文主席代表民進黨參選總統已經提前定局，其優先鞏固國家主權的政治定位引發大陸官方媒體「環球時報」社論發出警告：若蔡英文錯判情勢，莽撞拿兩岸關係開刀，恐使總統之路斷然夭折。

曾任陸委會主委、國安會秘書長的蘇起則表示，如果民進黨總統候選人的兩岸政策被認定有損台海穩定，確定往台獨路線發展的話，以中共國家主席習近平的行事作風，他將會出手，且讓台灣「有感」。

顯然，政治警告意味相當濃厚的中國官媒，先射箭再畫靶的政治目標已經開始對準蔡英文，正蓄勢待發的準備對蔡英文及民進黨的台獨路線磨刀霍霍，隨時伺機發動，掀起一場「誰破壞台海和平穩定」的統獨對決大戰。政治警告只是開端，是兩岸政治對決的序幕，往後的腳本，不外是政治壓制、教訓，甚至是肅殺的台海軍事與外交衝突的可能危機。影響所及，二〇一六年台灣總統大選前後的兩岸關係發展，就不再只是紙上談兵或商人圍政的傳統劇碼，而是一場逼迫蔡英文表態、壓制民進黨調整台獨立場與國際圍堵台灣生存發展空間的「封鎖戰」，蘇起「讓台灣有感」的善意提醒，不該用危言聳聽的政治解讀加以等閒視之，民進黨也不應過度樂觀誤判情勢，期待用政治民粹的操作來引導民意朝有利的選舉方向發展，否則縱使贏得總統與立委大選，也很可能輸了台灣！

九合一大選勝利後，民進黨雖然重返執政在望，但相對地，大陸涉台系統與領導當局對台灣「迫切危機」的政治焦慮感也大大提高，再加上去年太陽花學運反服貿的政治風潮，被不少人錯誤解讀成反中與台獨意識的抬頭；因此，中共內部主張對台不再讓利與改採政治強硬作風的聲音逐漸加以抬頭，的確已經讓長期對台採取較為軟性溫和路線的對台系統單位與相關人事倍感壓力。目前雖然暫時能夠穩住大局「珍惜兩岸和平發展的成果」，但隨著蔡英文當選總統的時間與政治壓力與日俱增，是否能夠在大陸「政治正確」的官場文化當中繼續壓住陣腳，確實存在著相當大的不確定變數？

畢竟，兩岸關係和平發展大局倘若發生逆轉，台海衝突危機一觸即發，大陸當局是不會因為國民黨還在執政而有所顧忌，也不會畏懼因為對台採取強硬路線而使國民黨無法繼續執政，而是以必須堅守「反獨促統」為核心價值與最高對台戰略指導原則，屆時，不論蔡英文能否當選或坐上總統寶座？可能都不再是重要的事了！兩岸兵戎相見，台灣只能淪爲國際政客的政治工具或犧牲品，台灣就不再是原來的台灣了！

因此，蔡英文思考未來的兩岸關係發展，不能只是用以拖待變的保守心態來因應可能的政治變局，也絕不能以爲只要對選舉有利便可以挑動政治民粹或操弄民意來回應兩岸相關的政治議題，反而必須以更寬廣的政治格局及積極負責的態度來消除大陸的疑慮與焦慮感，以確保穩住大局、穩定台海的和平發展，這才是一位有政治擔當與政治遠見的國家領導人必須展現的政治智慧與本領。

以冷靜、理性與智慧見稱的蔡英文，不是陳水扁，也不是馬英九，更不能成爲引發當年中共導彈危機的「李登輝」！二十年來的兩岸政經情勢已經產生重大的變化，此消彼長的發展結果，台灣的「軟實力」或許可以帶動中國大陸往文明發展的道路積極前進，但台灣的「硬實力」卻已明顯屈居下風，難以跟對岸相互抗衡。台灣已經不堪用「硬碰硬」的策略與方法來對大陸「叫板」。所以，台灣多數民衆更加期待未來的國家領導人，是能夠面對兩岸問題並提出兩岸和平共存、互利共榮與政治雙贏的政治家，而不是一位只能崇尚功利、討好選民支持者卻無力且無能解決兩岸政經僵局的「過渡政客」。

是以，蔡英文主席，既然已經是大家，包括中國大陸，都認爲最有希望成爲下屆總統的政治領袖，就更應該超越李登輝、陳水扁與馬英九，在兩岸關係與對中政策上提出令人耳目一新的「穩定台海和平」政略方案，證明自己的「兩岸和平穩定架構」切實可行，並獲得台灣人民、美國與中共當局的支持、接受或忍受，這是相當高難度的政治期待與念想，也或許是非常難以挑戰成功的「不可能任務」，但卻是考驗與檢驗蔡英文政治能力是否適任總統的重要政治標準，不是嗎？畢竟，提前初選、提早執政的客觀事實已經發生，「被過度期待又怕受傷害」的蔡英文，只能義無反顧擔起重任勇往直前了！

蔡英文的兩岸魔鏡，或許可以看到陳水扁與馬英九的前世與今生，或許可以找到李登輝當年十八套劇本的「幕僚心法」，但如今「兩岸魔戒」即將套住準備當家的蔡英文，能否發揮關鍵的政治魔力？就看蔡英文如何帶領民進黨改變台灣的政治命運了！

二〇一五、二、十七

4 兩岸難題提早引爆？

最近兩岸關係發展，尤其是民、共關係的微妙變化以及美國對兩岸事務的動作頻頻，持續撲朔迷離、詭譎多變，讓外界像霧裡看花，各自想像又各自解讀，頗令人難以捉摸。

美國在台協會前執行理事施藍旗說：「民進黨必須了解九二共識這個問題的嚴肅性，不能閃躲；提出一個無法滿足外界關切的模糊方案，或是承諾選後會推出不清楚的共識是不夠的，台灣民眾在投票前有權利知道民進黨選後會如何處理兩岸關係。」對此，蔡英文主席先是親自回應表示，民進黨會盡最大力量維持現狀，重要的是，台灣與各方都保持好的溝通狀態，讓整個關係在處理過程中，不會出現誤判或誤解；隔沒兩天，蔡英文卻又話鋒一轉，說她相信美國不會故意放話，好像又回到吳釗燮秘書長所回應的政治基調，「美國退休官員的講話不代表美國官方的政治立場」，間接駁斥施藍旗說法的代表性與政治意涵。

同樣地情況，對於前美國在台協會辦事處處長包道格關於九二共識是中國底限的說法，蔡英文更直接加以挑明，「民進黨有跟美國政府查對過了，卸任官員的話都不代表美國政府的立場；包道格所講的事情、關心兩岸的事情，我們都聽到了！」意味著，蔡已經正式定調，近來美國卸任官員談的兩岸問題未必是美國現在官方的政治認知與看法，「兩岸關係是需要處理的，這正是我們現在處理中的事。」顯然，蔡英文不希望外界認知美國官方已經對她作政治施壓而做出錯誤的政治解讀，同時，她也期待用「以時間換取空間」的方式，做好充足的準備來面對九二共識這道政治考題，爲她今（二〇一五）年夏天的可能訪問美國爭取順利過關的機會。

迴異於二〇一一年否定九二共識的說法，至少蔡英文目前的相關說法都是以比較積極且正面的態度來面對九二共識的爭議，尤其是「民進黨會盡最大力量維持現狀」的政治承諾與保證，也會給外界有更多的政治想像空間，是否屆時蔡會與時俱進拿出較爲中性的「未來一中」替代方案或新論述，來尋求九二共識的解套機會？這都是外界聚焦關注的政治關鍵所在。

最近，針對台北、上海「雙城論壇」是否續辦，以及民進黨執政縣市與大陸城市交流是否要以「承認九二共識」爲前提的政治爭議？話題也是不斷。桃園市副市長邱太三已經正式登陸訪問浙江省與上海市，但高雄市長陳菊是否可能登陸？傳聞也很多，有趣的是大陸國台辦例行記者會中，發言人范麗青表示，「九二共識」是兩岸政治基礎，「兩岸一家親」則有利兩岸交流合作，大陸對民進黨的政策是一貫的、明確的，對包括縣市交流在內的兩岸各領域交流，一直是持積極態度。顯然，大陸當局雖然堅持「九二共識」但卻保有政治彈性不把話說死，是希望給柯文哲市長及民進黨有一個接近體現九二共識精神新政治論述的機會與空間。邱太三可以登陸參訪是因某種政治溝通的需要而個案放行，但民進黨其他直轄市長或縣市長如要登陸進行城市交流，還是要看屆時的民、共關係與政治氛圍而定。

其實，與蔡英文關係相當密切的邱太三，原本就是民進黨重返執政後最熱門且眾望所歸的陸委會主委人選，邱太三此次登陸必然肩負著民、共政治溝通的重大任務，對於大陸當局所關切的「九二共識」問題也應該「有所準備」，雙方能否傳遞關鍵的政治訊息並相互有所回應，以提供蔡英文未來兩岸新論述的參考建議？這或許是民進黨「如何盡最大力量維持現狀」的重要政治突破口，也是蔡英文準備訪美必須做的政治舖墊工程，值得進一步密切注意與觀察。

美、中、台三角政治關係，正牽動著兩岸關係發展的可能變化，對於民進黨，對於蔡英文而言，因爲很有可能贏得總統大選，所以，政治壓力與責任必然加重許多，這是無法否認也無法迴避的政治現實。兩岸問題與台海和平穩定息息相關，也牽動美、中各方政治與經濟利益，更是台灣人民生存發展的重大切身利益，蔡英文是該好好思考如何展現政治智慧與格局來正視處理九二共識與一個中國問題，努力縮小兩岸的政治歧見與差距，以共建兩岸和平發展的大局！

二〇一五、三、二十六

5 如何面對美、中的兩岸政治考題？

四月十五日，民進黨即將正式提名黨主席蔡英文參選總統，各界必然相當關心她的參選聲明，尤其是針對兩岸問題有沒有新的政治論述？畢竟，在九合一大選空前勝利之後，國民黨不論推誰出馬角逐總統寶座，都幾乎難與蔡英文相互匹敵的情況下，蔡英文的政治對手只剩下美國與中國大陸，任何的政治決定與抉擇終歸以穩定台海和平為最重要的判斷依據，九二共識與一中問題終究是蔡英文難以迴避的政治關卡及挑戰。

這也就是為什麼在三月下旬以來，美國方面紛紛藉由各種不同的政治途徑與特殊場合，表達關切民進黨大陸政策走向的隱晦立場之後，蔡英文會立即決定派出與其相當親近的秘書長吳釗燮及剛轉任桃園市擔任副市長的前副祕書長邱太三，分別訪問美國與中國大陸展開政治溝通之旅的關鍵所在。他們兩人的政治份量以及與蔡英文的政治默契，最能夠適當傳達蔡英文的政治思維與兩岸論述主軸內容，同時也最能夠充分掌握對方的政治訊息與要求，並據以向蔡英文提出報告與建議，作爲民進黨四月九日召開中國事務委員會商討兩岸政策的重要參考依據，以及蔡英文四月十五日參選聲明的重要判斷政治基礎。

吳釗燮訪美期間刻意保持低調迴避媒體採訪，僅用新聞通稿方式表達美國政府並沒有刻意對民進黨施加政治壓力的官方立場帶過；對於見過誰、談過什麼內容卻隻字未語可知，訪美行的政治溝通任務除了舖陳蔡英文六、七月訪美的平坦路徑之外，也必須對美方展現民進黨如何有誠意化解台海衝突危機的政治承諾與可能作爲。

另外一方面，邱太三訪問大陸期間，難得的是包括台灣媒體與大陸媒體都未曾刻意報導其訪問行程與內容。顯然，邱太三此行的政治任務著重的是政治溝通而非城市交流及行銷，而大陸方面也不再從政治統戰的角度來大肆報導其訪問行程，反而刻意低調，保護其訪問行程不會被媒體曝光或炒作。更加證明這是民、共之間有意舖陳搭設的政治溝通秘密平台，雙方都不想因爲節外生枝而破壞了這層政治默契，也都希望彼此能夠順利傳達雙方主其事者的政治思維與解套建議，以共創未來的兩岸和平發展新局。

二〇一六已經勝券在握的蔡英文，原本打平穩保守的兩岸牌，以台灣前途決議文的基本政治價值與定位內涵便能闖關成功，順利登上總統寶座。可是，作爲一位熟悉國際政治現實發展趨勢並深切體認兩岸關係發展主客觀情勢的蔡英文主席，應該相當清楚，作爲台灣未來的政治領導人，對美、對中問題不能只從選舉利益與短線政治操作的方向看待，否則縱使能夠贏得選舉，也難以獲得穩定執政的政治成績與果實！

蔡英文主席既然能夠超越派系侷限，大膽起用非屬其核心親信系統的政治菁英吳釗燮與邱太三處理與美、中的政治溝通任務，期待重返執政之際也能確保台海的安全與和平秩序，並且在兼顧美、中政治利益與政治需要的前提下，創造台灣最大的政經發展及安全利益。那麼，蔡英文就該正確掌握美、中的政治訊息與期待，正視並處理民進黨台獨黨綱的意識型態政治包袱，審慎面對九二共識與一中問題的政治爭議與歧見，以確保台海安全與和平，爲台灣人民創造一個穩定的執政、兩岸和平繁榮及改變台灣政經社會體質，往正面向上提升的新政治景象。

二〇一五、四、七

6 穩住台海和平 讓兩岸關係「峰迴路轉」！

正式代表民進黨參選總統的蔡英文，以果敢自信的態度發表「找回自信，點亮台灣」的參選聲明，要用所有的力量來改變這個國家，她更強調：「改變這個國家必須要所有人民有一個共同意識。我要做的就是團結這個國家，台灣的對外關係，大家聚焦關心的就是兩岸關係，民進黨將承擔這個責任，基本原則就是維持兩岸的現狀，兩岸的關係都應以人民的意志爲依歸，我要台灣人民相信，我絕對不會辜負這項使命。」

顯然，準備參選總統的蔡英文，是想「超越既有國共關係框架」，試圖建構一個「以人爲本」的常態化兩岸關係新互動模式，以導正兩岸關係就是國共關係的不正常偏差現象，也不希望看到民進黨縱使執政，兩岸關係的未來發展變成民共關係，既偏離了人民的意志，同時也造成民主政治發展更難挽回的政治傷害。

因此，蔡英文主席的「維持兩岸現狀」、「穩定台海和平」主張應該不會只是政治口號或選舉語言的政治操作，而是要基於民本精神的政治信念，凝聚全民意識做爲國家的團結力量及後盾，堅定推動完成「兩岸協議監督條例」的立法，爲兩岸持續交流協商，建立周全規範，並在重返執政後以此逐案檢視正在進行協商或審議的兩岸協議，將兩岸的互動，引導到一個具有堅實民意基礎的民主軌道上。

參加「中華民國總統」選舉的蔡英文，其實已經體現尊重憲政架構與中華民國政府體制彰顯主權政治的意涵，這是超越國、共政治共識基礎「九二共識」政治框架的兩岸關係發展模式。這也意味著蔡英文會在贏得總統大選擔任總統之後，持續推動常態化與法制化的兩岸關係交流與互動，並在中華民國憲法賦予的權限上，以「政府對政府」的方式與名義來進行兩岸的協商與交流，以杜絕黨對黨協商的不透明政治機制來處理兩岸問題。因此，也不會發生國會無法有效監督及制衡，人民無法瞭解兩岸協商進度與內容的不正常政治現象，兩岸關係發展自然回到民主正常軌道上加以進行。

蔡英文「超越既有國共關係框架」的政治主張，其實已經隱含對國、共九二共識政治基礎的「間接否定」，但參加「中華民國總統」選舉的聲明，則又刻意間接默許「一中憲法」的政治現實狀態，各界或許會有不同的政治解讀，大陸方面也未必會有肯定或接受蔡英文模糊的政治表述方法及內容，但至少展現了相當高明的政治智慧與格局來拉近雙方的政治距離與歧見，某種程度上也對「一中問題」有所回應與善意表態，讓兩岸「維持現狀」的未來局勢發展，保有「無限想像」的政治發展空間，應該正面看待蔡英文想要穩定台海和平的用心與努力，讓兩岸關係發展有「峰迴路轉」的政治機會及空間。

兩岸關係發展是一條相當複雜且漫長的政治里程，黨對黨模式的政治協商難以獲得人民的支持與信賴，容易導致偏差或少數人政治壟斷的局面，如何回到「以人爲本」、「換位思考」的民主思維與決策體系，尊重人民的自由選擇意願，以形塑兩岸關係發展正常化的互動與融合，拉近兩岸人民的民心與文明價值觀，共創兩岸一家親的政治新局，應該是兩岸領導人最想樂見看到的結果。期待蔡英文眞的能夠承擔責任努力穩定台海和平局面，爲兩岸關係注入新的政治活水，拉近雙方的距離與歧見，改變台灣，改變兩岸，讓台灣眞的亮起來！

二〇一五、四、十五

7 兩岸論述不會在選前攤牌？

民進黨正式提名蔡英文參選總統，「找回自信，點亮台灣」的參選聲明，是「理性兼具感性」的政治演說，對於外界所關心的兩岸問題，她並未直接回應九二共識與一中問題，但她所強調的「超越既有國共關係框架、建立常態化兩岸關係」政治主張，等於間接否定國、共九二共識政治基礎，而參選「中華民國總統」與「維持兩岸現狀」論述又貼近「一中憲法」的承認中華民國現狀的「默示一中」，究竟蔡英文所想要表達的兩岸關係定位與發展該作如何的解讀？的確是令人相當傷透腦筋的政治習題。

就如同四年前蔡英文參選總統提出「和而不同」、「和而求同」的兩岸關係定位主張一樣，蔡式風格的政治主張或論述總是讓外界有如霧裡看花一樣，「橫看成嶺，側看成峰」。這一次的參選聲明有關兩岸的論述也是如此，主軸是「維持現狀」，但保有「無限可能」的政治想像空間，對手愈強壓力愈大則往中間方向靠攏，對手愈弱則紋風不動。只是這一次因爲勝選機率大增，為了向美、中交待如何穩住台海和平現狀，蔡必須提出更多具體牛肉的政策內容，來確保兩岸關係的發展不會「地動山搖」，所以，蔡英文要把「空心菜」轉換為「包心菜」，一層又一層的政策支票與政治保證必須逐一攤開來接受外界的檢驗與考驗。

蔡英文的政治慣性思維是「切香腸式」的談判經驗與策略，尤其是兩岸關係的定位與定性更是如此！因此，在競選對手尚未出爐或是兩岸政策在內部尚未凝聚共識之際，蔡英文不會把其兩岸定位的具體政策內容提前公開，讓自己陷入更難招架的被動挨打局面。畢竟，從談判策略的角度來看，自己提早亮底牌的談判態勢總會被對手窮追猛打，最後縱使贏得戰局，其結果也要擔負讓得太多的政治代價。這也就是為什麼蔡英文總把「談判籌碼」放到最後才攤牌的原因，不到最後關頭絕不亮出自己的兩岸政策底牌！

所以，「亂中求穩」、「亂中求序」的蔡英文，提出一個外界可以各自解讀的「維持現狀」兩岸政治主張，是以民意為依歸的政治訴求，先求打破兩岸關係是國、共關係的政治迷思，再要求「超越既有國共關係框架」，不直接否定或拒絕九二共識、一中框架，但卻用「建立常態化兩岸關係」，來試圖建構未來兩岸協商與談判必須是一個具有社會溝通、國會監督機制且具備透明化互動基礎的「政府對政府」民主化軌道，來加以進行，既能杜絕「密室政治」的外界質疑，又能夠以民意為後盾來抗衡大陸九二共識與一中原則的政治壓力。換言之，蔡英文著重未來兩岸協商機制的民主化與法制化的程序問題，而談判的內容與結果等實質問題是要透過凝聚台灣人民的團結意識作爲她的政治憑藉與依靠，來抗衡對岸的「反獨促統」政治施壓及作爲。

蔡英文在選前幾乎已經不大可能調整對中政策的政治立場，要調整也是她當選總統後作爲兩岸談判的政治籌碼，這是蔡英文目前的政治主軸與基調。「維持現狀」、「穩住台海和平」與「持續兩岸關係穩定發展的現狀」的政治原則是其具有政治意義的承諾與保證，就看美方與中方如何加以看待及解讀。當然，蔡英文的善意是否能再進一步透過更多的政策舖陳加以填補完善？還是要看美、中最後政治施壓的強度與力度而定，隨著選戰情勢的變化而可能有新的局面產生。

二〇一五、四、十六

8 如何維持兩岸現狀的政治變數？

僅剩一年任期的馬英九總統，選在辜汪會談二十二周年時刻赴陸委會視導，其談話內容除了定調九二共識的一中與反獨意涵外，眞正的政治重點是在點名批判蔡英文與柯文哲的主張都在迴避一中的問題，尤其針對蔡英文維持現狀的說法特別提出「『現狀』到底是什麼？」、「如何維持這個現狀？」這兩個政治難題！

無獨有偶地，同時間民進黨獨派大老、新台灣國策智庫創辦人辜寬敏也對蔡英文的維持現狀說很有意見。他認爲維持現狀只是一個解套方式，誰都可以利用這個現狀，其實，維持現狀是最沒有問題，也是「最沒有意思」的說法。儘管如此，辜還是表達他絕對支持蔡英文選總統的立場。

馬英九與辜寬敏兩人都曾經是蔡英文的競選對手，只是一位是總統大選的競爭者，一位是黨主席的競爭對象，但都不約而同地對蔡英文維持現狀說提出批評。雖然個人無法揣測他們的「異見」目的爲何？但他們確實也點出問題的核心，這個「最沒有意思」的維持現狀，因爲保有「最大的政治想像空間」，所以，也是最安全且最沒有問題的政治答案，就如同柯文哲市長「一五新觀點」的論述一樣，「世界上沒有人認爲有兩個中國，一個中國也不是問題」，同樣保有「同中有異」、「異中有同」的政治動態發展平衡空間。統派與獨派都有相當大的反彈意見，但卻符合台灣在兩岸關係發展的彈性操作需要與主流民意。

多年來，馬英九總統靠著「不統、不獨、不武」的政治平衡槓桿，操作兩岸關係發展的互動與交流，在台灣內部引起統獨兩派人馬的強烈反彈意見，但還是獲得台灣主流民意的多數支持。這一次，蔡英文也學乖了，不去直接批評九二共識與一中問題，但迂迴否定「國、共關係政治框架」與「黨對黨政治關係」；不直接提出對一中問題的政治解套主張，但卻用維持現狀、穩住台海和平關係爲政治訴求，對美、日、中提出不會惹麻煩、製造問題的政治承諾及保證，來間接回應原本就沒有標準答案的一中問題。

儘管外界都不會滿意蔡英文如此模糊的政治答案，但也的確找不到可以眞正反對她主張的堅強理由，畢竟，「維持兩岸現狀」可以做很多寬窄不一的政治定義及解釋，且的確就是台灣民衆這二十多年來的主流民意與政治期待，雖然沒有特定的政治答案來界定維持現狀的內容究竟是什麼？但至少是陸委會與各種民調數據裡的「選項議題」中，很難有明確的政治定義，但卻最貼近台灣民意的主流思維。所以，蔡英文根本不必也不會去回答馬英九「現狀到底是什麼」的定義問題，因爲本來就是「沒有答案」、「最沒有意思」的政治性答案，隨著時空演變與兩岸情勢發展變化而有不同定義與主觀認知及期待的人民觀感而已。

因此，所謂「如何維持這個現狀」的政治命題也很難有標準答案，馬英九或許認爲只有九二共識與一中各表是眞正的答案；大陸當局則認定沒有九二共識政治基礎、沒有一中原則的民進黨黨綱就不可能維持兩岸現狀；但對台灣多數民衆而言，答案重點可能不在於此，他們眞正想要的是不搞統獨、不破壞兩岸和平發展大局、不主動製造衝突危機的「維持現狀」，九二共識與一中問題的政治標籤或符號，只是難以讓台灣繼續維持現狀的政治操作緊箍咒，站在台灣主體利益的價值維護上反而是枷鎖而非政治保障。

「模糊是最好的政策」！蔡英文已經充分掌握其政治精髓與操作策略，民進黨的兩岸政治罩門已經不是那麼的難分難解！問題是，大陸當局不可能就此作罷，畢竟，從他們的角度來看，蔡英文還是沒有誠意面對一中問題，未來大陸當局勢必會陸續提出「讓台灣有感」的政治施壓動作，來證明蔡英文無法維持兩岸現狀。蔡英文該如何具體回應，以證明她的主張切實可行?就等著雙方的出招吧！

二〇一五、五、四

第三章

訪美行奠定勝選基石

蔡英文訪美行的漂亮轉身，的確已經超越「不統、不獨、不武」與「台獨黨綱」的傳統政治窠臼及受限，找到了一個可以替換九二共識與一中原則的「維持兩岸現狀說」與「中華民國憲政體制說」，來平衡美、中、台的政治三角關係，為兩岸和平發展關係與大局提供了新的政治路徑與方法，也因此奠定了蔡英文勝選的政治基礎。

1 訪美前的南海政治問題

最近，爲了蔡英文主席即將啓程訪美，馬英九使盡招術對付蔡，先是強烈質疑蔡的「穩住台海和平，維持兩岸現狀」說法是「迴避、閃躲或打高空」，並反問「如何透過沒有九二共識的現狀，沒有一中各表的現狀，來維持台海的和平繁榮？」接著，馬提倡「南海和平倡議」，主張相關各國能擱置主權爭議，建立南海區域資源開發合作機制，共同維護南海地區海、空域航行及飛航自由安全，以應對蔡訪美可能會有執政後放棄太平島主權的傳言。最新情況則是馬英九與金溥聰會在七月份先後赴美或過境訪問，藉此削弱蔡英文訪美光環。

看起來，自認與美國關係良好的馬英九，爲了保住國民黨政權，可說是不遺餘力猛批、圍堵蔡英文，是否能夠眞的發揮政治成效？雖有待進一步的發展及觀察，但黨內總統初選找不到天王級參選的危機，已讓國民黨未戰先敗。馬英九如今的確已「有心無力」，此時縱有通天的政治本領，已經難挽末日現象的政治頹勢；不論南海和平倡議的主張，或是過境美國訪問的亡羊補牢，終究難敵政治聲勢正如日中天的蔡英文，只能被外界譏爲走入窮途末路，能否進的了美國的大門都還在未知之數！

對於近日美國軍機在南海活動與中國大陸的緊張狀態，蔡英文也在訪美前夕藉機表示，「民進黨不會放棄太平島主權，對南海各方主權主張，要依國際法以和平手段來處理，民進黨也主張與堅持在公海上的自由航行權，不能接受任何挑釁」。

顯然，蔡主席已充份意識到南海問題的政治火藥庫，必須審愼面對因應，絕不能因爲某些媒體以訛傳訛的政治傳聞，讓外界誤解民進黨可能因美方施壓而放棄南海主權，導致台海和平現狀遭到嚴重波及，如此可能引發大陸藉機對台進行「分裂國家」的政治、軍事反制行動，讓台海關係動盪與緊張，蔡英文的即時反應封住了許多想見縫插針的國民黨人士的嘴巴，讓台海和平的穩定現狀不致於因爲國內的黨爭與選舉因素遭受嚴重的破壞。

事實上，馬英九「南海和平倡議」的主張，是針對蔡英文而來的誘敵大計；他判斷蔡英文訪美會觸及東海、南海區域安全議題，美國政府甚至可能會施壓，讓蔡英文作政治表態或承諾。馬英九以爲屆時蔡英文爲了換取美方支持，可能被迫對南海主權做某種程度的讓步，而馬便可用「兩國論」的政治帽子對蔡展開猛烈抨擊。

蔡英文早已洞悉馬的政治企圖，深知南海問題不能拿來當作選舉攻防的政治工具，也不會屈從美國可能的政治要求而做出讓步，更不會讓此事嚴重傷害她做為一位可能的「中華民國總統」的政治擔當與勇氣。因此在出訪美國前立即回應定調，粉碎了馬英九背後的政治操作與圖謀。馬英九的「南海和平倡議」，頓時成為蔡英文澄清外界不實傳言的宣傳工具，蔡展現政治高度與智慧格局，讓馬英九吃鱉。

蔡英文的訪美行，基本上是與美國雙方早已溝通好的政治安排，該定的內容、議題與可能公開的政治基調雙方早有默契，蔡英文只是照劇本演練進行宣傳，不至於會有突發的政治意外事故產生。

由此可知，美國方面其實也看好蔡英文準備當選總統，以政治利益來看，最講務實原則的美國政府眞正關心的是未來美國在台的長遠利益問題，至於蔡英文「如何維持兩岸現狀」的論述，相信雙方早有「照本宣科」的標準答案準備走個過場，外界也毋須藉機分化、挑釁或製造可能的衝突或意外；馬英九與金溥聰的誘敵深入政治陰謀，被蔡英文陣營所看穿識破，到頭來這些如意算盤終將落空，難以如願以償。

二〇一五、五、二十七

2 訪美期中考的政治關卡

兩岸現狀到底是什麼？這是大陸國台辦正式反問蔡英文的問題，民進黨執政時期的總統府秘書長陳師孟則表示，蔡英文沒有說清楚、也迴避了如何維持現狀的問題，這是她的一大敗筆。她到美國可能也要面對這種質疑，如果一點都沒有準備或自主的主張，那不是很危險嗎？

前立委、政治名嘴郭正亮指出，針對蔡英文的訪美，他很贊成前美國在台協會理事主席卜睿哲的看法，不會一次性判斷或打分數，會到九月以後再綜合判斷（習近平預定訪美時程）。這一次蔡是有備而來，大陸也在聽她怎麼說、並醞釀新作爲，第一波會在九月明朗化，到了十一、十二月會更清楚，明（二〇一六）年一到五月，兩岸互動進入另一個階段。

顯然，外界衆所矚目的蔡英文訪美活動，大家都在看蔡英文的「維持兩岸現狀說」到底有什麼具體的內容或內涵？有沒有什麼更清楚的陳述或論述？能否過得了美國政府這一關？

蔡英文的兩岸現狀，原本就是動態的中性字眼，可以是台海和平穩定的現狀，可以解讀爲尊重中華民國憲法體制的現狀，當然更能講成維持台灣前途決議文的現狀，但絕對不會是兩岸同屬一中的九二共識現狀。這也就是爲什麼馬英九、朱立倫、江宜樺等國民黨政治領袖一直不斷質疑蔡的維持現狀說法，大陸方面也直接了當地問「兩岸現狀到底是什麼？」的道理所在，總想要蔡英文說出她心中眞正的答案，來證明蔡英文根本不可能維持兩岸現狀，而且很可能會破壞兩岸現狀！

但對美國人而言，所謂的維持兩岸現狀，不會是台灣接受九二共識承認兩岸同屬一中的政治現狀，而是兩岸能夠繼續交流，台海和平不惹麻煩，美國能繼續扮演兩岸政治平衡槓桿政治主導權，分享兩岸和平發展長遠利益的政治價值。因此，只要蔡英文能夠保證或承諾當選後不搞台獨建國、制憲正名等具濃厚挑釁對岸的作爲，美國政府便能接受蔡英文的維持兩岸現狀說法。

對蔡英文訪美之行而言，通過面試不是問題，眞正成爲問題的，是如何要求美國提供更多具體的安全保障來確保台海和平現狀？很多人幕後穿梭所側重的政治溝通，其實重點也在此。因爲，蔡英文、民進黨甚至台灣本身，最關心的，是民進黨執政後將面臨大陸方面的政治施壓與挑戰，屆時兩岸關係能否繼續維持？兩岸和平發展大局會不會產生逆轉？兩岸交流會不會中斷？對準備執政的民進黨而言，若沒有美國人來扮演政治調停的仲裁角色，台海和平現狀很容易遭到對岸的破壞，台灣的民心與民生經濟屆時恐怕會有所波折及衝擊，這對蔡英文當選後的「穩定執政」是會有所影響及衝擊，也因此，民進黨更需要美國方面提供更多的具體承諾與保證。

從國民黨來看，蔡英文訪美，既然安全過關的可能性非常的高，而維持兩岸現狀的根本問題也很難講得清楚。因此，對付蔡英文最好的策略與作法，當然就是逐步進逼、步步施壓，讓蔡英文露出破綻，最好能夠現出「台獨原形」以見縫插針，尤其是與台僑餐會演講時，若能夠大膽講出一些讓外界可以借題發揮爲破壞兩岸現狀的政治主張或言論，則國民黨便能在台灣內部大肆宣傳，藉機反敗爲勝。

至於大陸當局，其實並非從選舉角度來看待蔡英文的美國行。他們眞正在意的是她和誰見面、談話內容是什麼？會不會對兩岸未來情勢發展有長遠的影響？尤其是在對台軍售、國防合作、外交空間，與區域經濟組織的合作、東海問題、南海問題上的政治默契與可能承諾。至於蔡英文會不會具體表述維持兩岸現狀的眞正內涵，或者是如何保證有能力維持兩岸現狀的問題？大陸方面雖然關心，但對蔡可能的回答或回應底限已經有所掌握，也不會期待蔡會如何意外的回應這些問題。畢竟，大陸當局早已清楚蔡英文只會給一些模擬好的標準答案，按表操課，根本很難有驚人之舉，尤其此時已勝選在握。美國在意的是自己的核心利益，要台灣在選後有所配合的問題與議題才是眞正問題所在，採取穩紮穩打策略的蔡英文，也不至於對維持兩岸現狀的說法有任何意外演出，重點是對其他軍售與區域安全合作的問題，蔡提供了什麼樣的保證與承諾。

美、中、台三角政治關係的變動發展，台灣如何「以小事大」？如何在美、中大國的政治攻防牌局中，掌握平衡槓桿以維護台灣生存發展的利益？蔡英文的訪美行只是「期中考」，還不到眞正攤牌的關鍵時刻。接下來，就要觀察大陸方面會如何施壓蔡英文，鋪陳習近平九月訪美的政治氛圍，以影響美國政府對蔡的要求與施壓強度。這是台灣相當重要的政治博弈，也是蔡英文究竟如何維持兩岸現狀，與穩住台海和平的重要考驗；畢竟，此次訪美行只是開頭，後續的政治難題與美、中對台問題的政治角力才是眞正的重頭戲。

二〇一五、五、二十九

3 蔡英文如何與中國領導階層建立溝通管道？

正在訪美的民進黨總統候選人蔡英文，以「台美關係更上層樓」的文章投書華爾街日報，她指出，一個更穩定一致且可持續的對中關係將是她的施政重點，「這需要跟中國領導階層以及跟台灣人民，都建立開放的溝通管道」。蔡更強調，她的首要工作將是建立透明的機制，以強化兩岸的互信與合作，透過有原則的交流、合作及對話，「我會確保合作的精神繼續指引兩岸關係的改善」。

假使這是蔡英文「如何維持兩岸現狀」的標準答案，那麼這幾天頻頻與蔡英文溝通對談的美國政府代表及專家學者必然都會問一個問題：「如何跟中國領導階層建立開放的溝通管道？」尤其是沒有民、共正常政治關係，而雙方又缺乏九二共識一中原則政治基礎的情勢下，如何跟中國領導階層建立開放的溝通管道？又如何透過有原則的交流、合作及對話強化兩岸的互信及合作？又如何能達成「一個更穩定一致且可持續的對中關係」呢？

充滿「理想」與「願景」的蔡英文，或許可以把這幾年來民進黨與中國大陸的交流與交往事蹟開誠佈公與美方代表溝通，來證明民進黨願意努力維持兩岸關係和平發展的種種作爲，甚至對美方保證執政後將繼續推動維持兩岸現狀的和平穩定方案，以爭取美國政府的支持。然而，對於充份掌握台海問題與兩岸關係情勢發展的美國政府而言，恐怕對蔡的答案不會很滿意，說不定會再反問蔡「如果中國領導階層不跟妳溝通，妳怎麼辦？」

「維持台海和平穩定現狀」，這句話說起來容易，但要做得到是非常不容易的事！民進黨處理兩岸關係發展上最大的罩門就是台獨黨綱，蔡英文雖然主張「兩岸關係不是黨對黨的關係」迴避台獨黨綱問題，可是，也用「超越既有國共關係框架」來間接否定九二共識的政治基礎。蔡英文希望用「政府對政府」的方式來處理她執政後的兩岸關係，但她更應該清楚瞭解，對岸是不太可能接受這說法，那麼她又如何保證執政後可以維持台海和平穩定現狀呢？難道蔡英文天眞的以爲大選勝利，對岸就會往她的方向靠攏嗎？

顯然，無法與中國領導階層建立溝通管道的蔡英文，目前最寄望的是此行美國政府可以給她更多的幫助及加持，而不是去用她的主張說服美國人，蔡英文的訪美行是她回國後宣傳維持台海和平穩定現狀種種努力的政治工具，只要美國政府不背後再放冷箭，她就可以高枕無憂順利通過總統大選的政治關卡，兩岸問題就留待執政後再來傷腦筋了！

問題是，中國領導當局會這麼容易放過蔡英文嗎？不處理台獨黨綱、不接受九二共識及一中原則的蔡英文，訪美之後的政治挑戰才眞的要開始，這是她必須審愼面對因應的政治難題與僵局，蔡英文應該想清楚下一步該怎麼走？否則，選前的變化與急轉直下的兩岸關係新變局就可能眞的要直接攤牌了。

二〇一五、六、三

4 訪美行的漂亮轉身

挾著高人氣、夾雜「如何維持兩岸現狀」政治疑慮的蔡英文訪美行，在馬英九與美國史丹佛大學視訊會議的技術干擾，與中共駐美大使崔天凱「要通過十三億中國人民的考試」的政治喊話夾擊下，順利成功完成漂亮的「民主夥伴之旅」。美國政府除了明顯提高接待蔡英文訪問的規格與待遇，讓蔡走進白宮國安會與國務院見到該見的人之外，更對外表示感謝蔡英文的到訪，讓雙方「有建設性的」交換意見。

令人頗感玩味的政治效應是，馬英九「畫虎不成反類犬」的技術干擾，不僅未曾絲毫減損蔡訪美行的政治魅力及威力，其反覆強調的保持現狀就是「不統、不獨、不武」政治說詞，反而替蔡的「維持兩岸現狀說」找到最好的註解，順勢鋪陳出蔡的台灣對外現狀四大支柱、承諾建立具有一致性、可預測、可持續的兩岸關係及「在中華民國現行憲政體制下推動兩岸關係」的新論述。

蔡英文化阻力為助力、借馬之矛攻馬之盾與借力使力的結果，既豐富且深化了維持兩岸現狀的內涵，成功化解了美國人與外界的政治疑慮，把「不獨（實質凍獨）」這個不能說的秘密，用「推動兩岸政策必須超越政黨的主張，並包容不同意見」的蔡式隱晦修辭用語呈現，以堵住很多疑慮她執政後就會推動民進黨台獨黨綱主張的嘴巴，同時也使用寬廣且可多元詮釋的「中華民國憲政體制」，巧妙避開「憲法一中」的政治爭議，卻又隱含回歸「一中精神」憲法內涵與價值的各自表述與政治想像空間，拉大了她未來執政後「與中國領導階層建立開放的溝通管道」的戰略縱深。

這就是蔡英文展現超高政治智慧與格局的政治驚艷演出，不帶任何政治情緒對馬英九的冷嘲熱諷加以回擊，向美國人證明並承諾她會「如何盡心盡力維持兩岸現狀，以穩住台海和平」，超越政黨主張推動兩岸政策的「不獨」是她「如何維持兩岸現狀」的標準答案，而「回歸中華民國憲政體制」的一中精神與政治內涵就是她當選後不會破壞兩岸現狀，並且會在「現有兩岸交流基礎上」繼續推動兩岸有原則的交流、合作及對話，以確保合作的精神繼續指引兩岸關係的改善。

換言之，蔡英文有關兩岸問題的政治回應，就是不直接肯定或否定九二共識與一中原則，以「維持兩岸現狀」的主張或承諾替換政治名詞的標籤及符號，創造更有豐富內涵及價值的兩岸新論述基礎，超越國、共的框架設限，以鋪陳兩岸未來政治發展關係的路徑，讓兩岸關係正常化「峰迴路轉」！馬英九的「不統、不獨、不武」維持現狀說，成了蔡英文的政治墊腳石，「不獨」與「隱含一中精神」的中華民國現行憲政體制說則展現了中華民國憲法動態的成長歷史，以台灣的憲政實施經驗及中華民國憲法的政治連結，形塑並建構極具政治生命力與充滿政治想像、多元發展關係的兩岸新境界，爲兩岸關係發展提供新的政治出路與新的路徑選擇。

蔡英文「沒有答案的答案」，可能就是她參選總統此時最好的答案！畢竟，「統中有獨」、「獨中有統」的創造性模糊，可能就是統獨不同政治立場各取所需、各自解讀的最佳政治方案。不同陣營政黨的政治主張可以提供人民做判斷與選擇，是統或獨雖然各有追隨者，但對一個可能做爲國家領導人的準總統參選人而言，要創造最大的政治空間與機會讓人民去做自由、自主的選擇，而不是受制於他人或他國的政治壓力而有所屈從或無從選擇，或者強硬人民接受自己的政治信仰或統獨選擇。

是以，蔡英文訪美行的最大政治成就，不是她的「維持兩岸現狀說」如何安全達陣、通過誰的考試問題。重要的是台灣兩千三百多萬人民有沒有相信她能夠帶領台灣走出政、經與社會困局的政治宿命，提供台灣人民最大的選擇自由與自主決定的政治空間與機會？我們相信，更加衷心期盼，「一個簡單的事實」就是，蔡英文不只是能夠走進美國白宮與國務院，也不會只是走進世界面對中國，而是真的能夠帶領台灣、引領台灣人民「同時」走進世界與中國大陸！

蔡英文已經超越「不統、不獨、不武」與「台獨黨綱」的傳統政治窠臼及受限，找到了一個可以替換九二共識與一中原則的「維持兩岸現狀說」與「中華民國憲政體制說」來平衡美、中、台的政治三角關係，為兩岸和平發展關係與大局提供了新的政治路徑與方法。雖然民、共之間仍然缺乏政治互信，蔡的主張與新論述短期之內還是難以取信或說服大陸當局及涉台系統，但其充分展現的圓融政治智慧與釋放的善意訊息，至少可以讓大陸方面比較放心，蔡當選後不會搞制憲、正名或台獨建國等種種政治挑釁，也不會有刻意製造破壞台海和平穩定現狀的意外事故，大陸當局應該相信蔡的「和中」政治主張與思維不是即興演出的選舉秀，也不會是朝令夕改的騙人技倆，好好準備理性面對蔡英文時代的來臨吧！

二〇一五、七、二

5 莫讓「英派」變成「鷹派」的兩岸敵意螺旋上升！

民進黨總統參選人蔡英文即將在十月初出版新書，書名是《英派——點亮台灣的這一哩路》，書中提到「我們都是英派」，期待英派是一群改革者，爲讓國家更好，要形成一股力量，即使改革會得罪既有勢力，也必須堅持，絕不能改變。

蔡英文指出，英派不是屬於一個人、一個派系或一個政黨，而是過去這幾年，她在這塊土地上看見、感受、接觸到的每一個認眞砌磚、勇於作夢的人。

看起來，蔡英文所想傳達的「改革者」政治理念及形象，是期待明年的政黨輪替後新政局，是一個有思考與行動力並融合政治、經濟、外交與社會「全方位出擊」的英派作爲，來點亮台灣「在地希望」的這一哩路。要想達成這樣的政治目標，蔡英文必須努力跨越個人政治崇拜、突破政治派系包袱並打破政黨藩籬成見及界限，才有機會凝聚改革的社會動能，帶領國家進步與發展。

問題是，環顧目前「英派」書中所提到的七個重要章節中竟然欠缺「兩岸小英」的部份，究竟是蔡英文刻意淡化自己在兩岸問題所關切的內容與方向，以免對手拿來大作文章炒作選戰話題？或者是在其他章節比如「思考小英」、「行動小英」及「政治小英」的部份才會兼論小英的兩岸政策思維與佈局方向？雖必須等到該書正式出版後才能知道眞正的答案，但至少沒有把「兩岸小英」獨立爲一個重要章節來做處理，本身就是一個重要的政治誤判。

前些日子，大陸涉台重要學者、上海東亞所所長章念馳在聯合報發表「希望蔡英文眞有直通北京管道」文章，直批民進黨活在自欺欺人的「僞認同」、「僞史觀」當中，實在是當前兩岸關係的最大危險。他並認爲，民進黨在說謊，蔡英文絕對沒有直通管道，否則「怎麼會這麼傲慢」。顯然，章念馳的文章就是對著蔡英文而來，就他認知，蔡英文不僅沒有誠意正視面對並解決兩岸問題，所以才會展現傲慢的態度，對外講得好像有「直通北京管道」一樣。

對台灣相當瞭解且有深刻情懷的大陸全國台聯會長汪毅夫日前也曾表示，希望兩岸「千萬不要有極端的狀況出現」，希望不管是誰當選，都必須「（對兩岸關係）要有一個更好的態度，包括蔡英文小姐」。汪毅夫也說，他擔任福建省副省長期間，民進黨主席蔡英文正擔任陸委會主委，當時，蔡英文推動的「小三通」政策「做對了」，至少「這點做的很好」。言下之意，顯然汪毅夫非常期待蔡英文要像當年小三通一樣，對兩岸關係發展有更好的「態度」，否則，兩岸可能就會有極端化的狀況出現。

這是中國大陸兩位極具份量的涉台學者與官員對蔡英文的政治期許與警告，希望即將執政的蔡英文不要誤判情勢，以爲民進黨重返執政後，大陸就會往民進黨的方向靠攏。倘若，蔡英文繼續以「傲慢的態度」或「錯誤的政治心態」，來看待選後大陸對台政策的可能變化與發展，則兩岸關係和平發展必然產生嚴重的政治逆轉，還有可能甚至出現「地動山搖」的極端情況。

因此，「英派」書中倘若欠缺「兩岸小英」的重要章節，從大陸的角度來觀察，似乎就是一種展現傲慢、無知與輕忽誤判的錯誤政治心態，或許因此還會解讀爲「惡意爲之」，讓「英派」成爲大陸當局眼中的政治「鷹派」，恐怕就是得不償失的政治結果了！

畢竟，蔡英文當選總不是問題，眞正成爲關鍵問題的是，如何贏得人民信賴的「穩定執政」。「英派」或許只是選戰凝聚民氣的宣傳行銷書籍，是貫穿蔡英文政治思維與態度的重要政治劇本，但對大陸當局而言，就是要藉此蔡英文的重要著作來理解並掌握她對兩岸關係發展的政治態度，倘若該看的東西看不到，該側重的政治「眉角」又找不到眞正落腳的地方，他們又如何能夠期待蔡英文眞的能夠擺正位置與態度，來展現處理兩岸問題的領導能力及政治格局呢？

二〇一五、九、十五

6 宣布訪日的政治動機

民進黨舉辦二十九週年黨慶外交使節酒會，其中包含三十六位駐台大使與代表共一百五十位貴賓參與。黨主席同時也是總統參選人蔡英文在會中致詞時表示，和平、穩定與繁榮是民進黨外交政策的基礎，未來將與美國、日本等理念相近的民主國家，強化彼此的夥伴關係，並將開拓雙邊的經濟與文化連結，就區域安全和經濟整合進行實質對話，包括爭取加入TPP；民進黨政府將積極與邦交國互動，共同尋找以教育、文化、投資和經濟為重心的合作契機；將在未來推動「新南向政策」，深化與東南亞及印度的關係，也將成立一個「專案小組」，積極執行這個政策目標。

令人感到比較詫異的是，值此敏感時機，中共總書記習近平正訪問美國即將進行「歐習會」之際，民進黨也碰巧對外宣布蔡英文即將在十月六日赴日本進行四天的「點亮台灣，台日友好之旅」。蔡除到東京拜訪政要，更將赴日本首相安倍晉三的家鄉山口縣，外界對此訪日行程各有揣測，一般預料是與美國的背後支持有所關連，是否藉此拉高美國對習近平訪美的政治施壓條件與籌碼？仍待進一步的觀察與解讀。

事實上，蔡英文六月初訪美行程結束回台後，其幕僚便積極評估選前訪日的可行性與必要性，原本蔡本人是比較支持選後才訪日，如今會變卦轉向，或許是配合美國的亞太戰略佈局，以及蔡可能與首相安倍晉三進行非正式見面有直接的關連，否則蔡英文似乎不太可能改變既定決策，在選前製造讓中國大陸跳腳或藉機批判的政治動作，徒增選舉變數。

因此，可以預期的是，蔡英文主動出擊訪日，將激起大陸當局對民進黨的政治施壓與批判，「歐習會」中有關台灣問題與九二共識的話題，不僅會被觸及，可能也會加重政治份量，對台海和平的穩定現狀也必然會有所衝擊。蔡英文是否會藉此話題轉守為攻進行兩岸政治敏感議題的操作？甚至採取類似美、日、台政治同盟的政治策略，與中國大陸直接攤牌「叫板」？也說不定！

然而，看起來蔡英文的選戰與執政策略並非如此，致力於維持亞太安全戰略平衡與美、中、台和平穩定關係是其兩岸與外交政策的核心價值。她應該不會因為「歐習會」的可能政治變數而成為美國對抗中國大陸的政治棋子，也不會甘冒破壞兩岸和平發展關係的風險及危險，來討好美、日。她似乎搞的是台灣內部「超越藍綠」的戰略平衡遊戲，訪問美國、日本是爲了選後執政的外交關係，以及防範大陸可能對台進行的「雪崩式斷交」的政治變數，同時也安撫黨內獨派激進的政治聲浪，是典型的「出口轉內銷」政治策略操作。訪日回國後立即參加雙十國慶慶典擁抱中華民國，則展現蔡英文準備當選中華民國總統所做的政治舖墊，及努力尋求藍綠和解的政治氛圍與空間。顯然，這是蔡英文模式的戰略平衡遊戲，是蔡英文展現「小國外交」政治謀略與格局的操作，既平衡美、日、中、台四角關係的穩定局面，同時也安撫獨派並爭取藍營和解的政治策略。

可惜的是，蔡英文宣佈訪日的時機很敏感的是在歐習會之前，外界不免多所質疑，大陸涉台當局也會增添更多不信任的政治揣測，是否因此導致未來兩岸關係與民、共關係發展更多不確定的政治障礙發生？的確是不容易處理得宜的政治風險與代價，更讓人感到憂心忡忡！

二〇一五、九、二十三

第四章

大選前後的兩岸挑戰與鋪陳

兩岸領導人會面的「馬習會」，是總統大選前最令人意外的政治大戲。蔡英文的正確解讀與善意回應，讓她的「維持現狀」主張能夠不因此破局，期盼選後兩岸溝通的政治論述，也適時化解了「馬習會」可能的政治效應與衝擊。這是蔡英文最後終究能夠贏得總統大選的重要轉折與關鍵之處。

1 朱立倫的矛已經刺穿不了蔡英文的盾了！

隨著接連兩天，國民黨成功換柱，國民黨主席朱立倫取而代之。蔡英文競選總部成立。總統大選眞的正式開打了。

從朱立倫一席宛如參選聲明，要求與蔡英文辯論兩岸路線的談話中表示：「請蔡主席明白告訴我們，如何面對中華民國？如何面對兩岸關係？兩岸關係所謂維持現狀是妳說了算的維持現狀？還是國民黨堅持九二共識的現狀？還是馬總統堅持不統、不獨、不武的現狀？請妳說清楚」。緊接著，朱立倫接受媒體專訪時再質疑，蔡的維持現狀是不是包含「兩國論」與「台獨黨綱」？國民黨維持現狀有「九二共識、一中各表」作爲基礎，蔡不承認「九二共識」，但對岸卻認爲沒有九二共識就沒有現狀，蔡英文要如何維持？

顯然，朱立倫最想把總統大選的主軸拉回到兩岸問題。他似乎認爲這是他「逆轉勝」的唯一法寶，唯有正面出招的對準蔡英文「維持現狀」的主張與論述，拆穿蔡英文「回歸中華民國憲政體制，穩住台海和平與安全」的政治假面具，國民黨的總統與立委選情才有機會力挽頹勢並加以翻轉。

或許，從大陸涉台系統的政治角度來看也是如此。他們認為，既然兩岸關係是民進黨的政治罩門，蔡英文維持現狀的說法並非堅不可破；再加上民進黨還有台獨黨綱的沉重包袱，直攻蔡英文的兩岸論述，的確可以找到拉高藍綠對決的政治氛圍，讓泛藍選民重新歸隊。只要維持住泛藍陣營的政治基本盤，縱使輸了總統大選，也可勉強穩住立委選情，讓民進黨達不到國會過半、全面執政的政治目標。

針對朱立倫的問題，蔡英文在總統競選總部成立大會致詞時已經有所回應，她表示，兩岸政策的重點是要「維持現狀」：第一，維持台灣自由民主的生活方式和既有的憲政體制；第二，兩岸之間要維持和平穩定的發展關係。蔡英文並強調「民進黨不等於台灣，國民黨也不等於中華民國」，「如果台灣在我們這一代人的手上失去了決定自己未來的權利，如果中華民國在我們這一群人的手上失去了民主自由的生活方式，那即使這兩個黨都被掃進歷史的灰燼，台灣人也不會覺得可惜，這才是真正的民主」。

隨後，朱立倫在宣佈帶職參選的市政會議上立即回應。他反批蔡英文詭辯，民進黨有可能會害了台灣，可能改變中華民國，甚至傷害中華民國。朱試圖以「中華民國保衛戰」的說法來抗衡蔡英文「國民黨也不等於中華民國」的論點，甚至打出「民進黨可能改變中華民國，甚至傷害中華民國」的危機恐嚇牌來對付蔡的維持現狀說。

其實，蔡、朱兩人的隔空交火，對焦的論點與火力幾乎都是雙方的「非主流論述」與「邊緣化的支持群體」，要想因此翻轉選情或改變戰局恐怕都很難觸點得分；在台灣多數民眾的眼裡都只是「漂亮煙花的灰燼」，根本影響不了他們早已定性的政治認知：「民進黨愛台灣，國民黨擁抱中華民國」事實。民進黨已非台獨政黨，國民黨也沒有親中賣台，民進黨眞正側重的是維持台灣自由民主的生活方式，和既有憲政體制的「裡子」，而國民黨則是看重維持台海和平穩定的「面子」，雙方互爲表裡缺一不可，他們沒有眞正說出口的問題是：「誰才是可能破壞或傷害這個表裡事實的眞正對手？」

插花參選總統數個月的洪秀柱，其實是蔡英文維持現狀說法的最佳助選員。洪的一中同表、中華民國不存在、兩岸終極統一急統論調，讓國民黨擁抱中華民國的「一中各表」完全破功，讓馬英九的「不統、不獨、不武」政治主張功虧一匱，更嚴重的結果是讓「九二共識」的政治原貌現形，價值感毀之一旦。這是國、共雙方當初挺柱所必須承受的政治代價，縱使悔不當初、倉促換柱，由朱立倫臨危受命頂替上場，但大勢已去爲時已晚！如今，朱立倫想拿九二共識與一中各表的矛來刺破蔡英文維持現狀的盾，恐怕就如聯合報「夏張會不會只是一場無言的揮別」社論文中所言：「蔡英文猶如變戲法般地，既搶了馬英九穩定兩岸的花翎，卻又判了馬英九賣台的死罪」。蔡英文既然站穩了維持現狀的主流論述立場，朱立倫再想變戲法把這個政治招牌拿回自己的手上，恐怕縱使對岸出手相助也早已註定了是一場回天乏術的戰局了！

畢竟，當年馬英九的「不統、不獨、不武」維持現狀主張拿下了總統寶座，又憑藉著「九二共識、一中各表」連任了總統，如今蔡英文「依樣畫葫蘆」，抬出了維持台灣自由民主的生活方式與既有的憲政體制的「維持現狀」，即使最後會因爲對岸的「地動山搖」出招而「維持不了兩岸的和平穩定與發展」，眞正的過錯也不會在蔡英文身上，台灣多數人民還是會給蔡英文足夠的支持力量當選總統，讓她在選後全力突破兩岸與台灣的困境，最後能否維持現狀穩住台海和平的政治目標？就只是謀事在人成事在天了！

二〇一五、十、十九

2

朱立倫絕地大反攻的政治策略

朱、蔡對決已成事實，台灣的總統大選進入正規戰，兩岸問題的政治對焦成為選戰熱點，蔡英文的政治對手其實也已從國民黨轉移到中國大陸，到底蔡的維持現狀論述能否經得起檢驗與考驗？是否真的能夠維持台海的和平穩定？大家都在看到底大陸方面會如何的出招？有沒有辦法因此翻轉選情？

民進黨總統與立委選戰情勢雖然一片大好，總統得票率過半與國會過半的全面執政目標唾手可得，可是國民黨主席、現任新北市市長朱立倫參選所帶來的政治衝擊，除了國民黨選情停損止血外，至少立委選情的拉台與振奮士氣作用將會提高。此時兩岸議題的政治攻防角色與價值必然更形加重，蔡英文對維持現狀的兩岸論述就會因此增加更多的政治壓力，或許可能採取更積極展現對中善意的立場調整，以因應選戰情勢的變化。

當然，從朱立倫的政治角度來看，唯有訴諸藍綠對決的政治氛圍，才有機會鞏固泛藍陣營政治基本盤再求翻轉選戰劣勢。目前看來，朱立倫只剩下「兩岸牌」可以營造對決氛圍與聲勢，這也就是爲什麼連日來朱立倫猛打蔡英文與民進黨的兩國論及台獨黨綱理由所在，因爲這是朱立倫截至目前爲止唯一可能克敵致勝的政治王牌。

然而，反台獨的兩岸牌在台灣的選舉市場作用並不大，而且已經是老掉牙的政治號召，效果並不顯著。蔡英文眞正的問題是，在兩岸問題所延伸出來的，台美日政治同盟的國際戰略對兩岸如何維持現狀的重大影響。這對即將在近期內訪問美國或日本的親美派朱立倫而言，是個關鍵的政治轉折與機遇，朱立倫如何掌握與美、日、中的政治平衡關係？如何讓台灣民眾相信他可以在此平衡槓桿的國際強權政治遊戲中，爲台灣的定位與發展找到眞正的活路與出路？這是朱立倫的政治難題與考驗，也是他可以翻轉選情與蔡英文展開政治競爭的重要機會。

蔡英文成功訪問美國與日本，奠定了她維持現狀與維持台海和平穩定主張的信任基礎，洪秀柱的脫軌演出結果，也讓蔡英文往中間靠攏的路線受到各界的肯定與支持。如今，朱立倫如何殺出重圍，並藉由可能的美、日訪問以改變外界對蔡英文政治形象的正面觀感，破解蔡英文維持現狀的政治招牌，恐怕就是朱立倫目前選戰策略上必須特別著力的重點所在。

希望蔡英文不要躺著選的朱立倫，如何為國民黨救亡圖存？如何在選戰大勢幾近底定的客觀情勢下找到對抗蔡英文的策略？倘若朱立倫只能在新舊台獨政治漩渦中打轉，只能在兩國論的老掉牙故事中與蔡英文進行演講比賽，恐怕這場早已註定的政黨輪替戰局就此勝負已定！

總之，朱立倫要反敗為勝之計，就是要攻破蔡英文維持現狀的政治堡壘，不能只侷限於兩岸關係議題上作發揮，而是應從「台美日政治同盟」的國際政治新形勢變局中找到破解的著力點，或許才有眞正的逆轉勝政治機會。

二〇一五、十、二十

3 應正面看待馬習會——兩岸領導人會談的政治價值

「馬習會」消息的曝光，讓人跌破眼鏡、措手不及。民進黨一開始由發言人鄭運鵬發表五點聲明，強烈質疑馬英九總統的動機、目的與倉促黑箱安排會面的政治操作，認為台灣正值大選期間，馬英九排在這個敏感時間進行會晤，如何讓人不去聯想這是意圖影響選舉的政治操作？民進黨會有這樣的政治質疑與制式反應，原本就是無可厚非的政治心態，做為一個捍衛國家主權尊嚴與國格的在野黨絕對是及格的表現，但做為很可能執政的準執政黨而言，其實是「保守有餘、開創不足」的差強人意表現。

馬習會的歷史意義與政治價值，不在於他們兩人的歷史定位與政治目的，而是兩岸領導人會面所能夠彰顯的和平發展政治里程碑，將會對兩岸關係發展帶來何種影響？如果答案是肯定正面的話，又何必在乎時機選擇到底對哪一個黨有利呢？更何況，馬英九已在中外記者會中承諾，這次的會面絕對都堅持對等尊嚴，談及的議題是針對「鞏固和平，維持現狀」交換意見，他不會簽署任何協議或發表聯合聲明，會表明希望在「九二共識、一中各表」基礎下維持兩岸永續和平發展的現狀，縱使民進黨不認同或接受九二共識與一中各表，也不會因此損及台灣的利益或傷害到民進黨的選情，又何必因爲缺乏自信而杞人憂天呢？

畢竟，民進黨目前的選舉情勢外界普遍看好，是因爲蔡英文「維持現狀說」與「尊重中華民國既有憲政體制說」能夠大方向穩住台海和平的現狀，獲得台灣多數民眾的肯定與支持，「馬習會」的結果也不會翻轉選情，九二共識與一中問題原本就可留待勝選後再來與大陸方面展開磋商解決，共同努力尋求可能的政治替代方案或共識，此時又何必在此議題上打轉，因此否定馬習會的政治價值呢？

蔡英文在民進黨中常會前的談話是比較具有正面格局的善意解讀。她強調：「在符合對等尊嚴、公開透明、不涉政治前提的原則下，我們樂見兩岸之間有正常的交流，只要有助於台海和平、增進溝通對話、對雙方互惠互利的做好，我們一直都正面看待。我也必須要指出，馬總統是即將卸任的總統，國人絕對不會允許，馬總統在即將卸任之時，爲了個人的政治評價去框限台灣的未來，更無權去承諾自己無法負責的事情。」

顯然，蔡英文是正面看待任何有助於台海和平的兩岸正常交流，包括兩岸領導人會面，只是馬英九總統搞黑箱、搞突襲的政治操作手法令人難以苟同，尤其對於即將卸任的馬英九，可能為了個人的歷史定位與政治評價私利而框限台灣的未來，更是無法接受。蔡英文的說法既展現了領導人該有的政治格局與高度，同時也警告馬英九已經「無權去承諾自己無法負責的事情」，不能在馬習會當中傷害台灣的尊嚴以及利益，等於「中性看待、正常面對、善意處理」兩岸領導人會面的政治議題，這對於她穩住台海和平的維持現狀論述主張，其實只有更加正面的加分作用，也對她勝選後處理兩岸問題更帶來積極進取的政治效果。

兩岸領導人會面，是兩岸關係正常化的重要政治開端，雙方可以從互不承認的交戰團體逐漸演變為兩個政治實體，甚至兩個政府的特殊往來關係，雖然，目前「馬習會」只能讓雙方領導人以「先生」的稱謂來稱呼對方，這是兩岸破天荒的一大步，也是兩岸關係和平發展的重要政治象徵。蔡英文與民進黨其實應該從這個角度去解讀看待此次的兩岸領導人會談，用更具前瞻且開創性的政治視野來面對未來兩岸關係的可能變局，也許兩岸問題就不是那麼的難解！

二〇一五、十一、五

4 勝選後兩岸政治溝通的關鍵節點

馬習會是兩岸主政者各取所需的政治安排，沒有聯合聲明或公報的政治成果，但以兩岸領導人會談的模式開啓兩岸政治對話的事實，則具有相當重要的政治價值，這意味著兩岸關係的發展即將進入嶄新的政治里程。縱使明年政黨輪替，台灣由民進黨當家執政，兩岸關係和平發展的政治道路難免有所顚簸波折，民、共雙方也必須努力維繫兩岸和平穩定發展的政治現狀，這是未來兩岸主政者無法迴避的政治責任與義務，也是兩岸關係發展新的政治機遇，既充滿政治期待與想像，也帶來政治隱憂與變數。

民進黨總統參選人蔡英文日前接受年代電視「新聞追追追」節目專訪時表示，「我們預期選舉完了之後，雙方會有一個溝通的過程，因爲任何的穩定與和平，最重要的前提要件就是，雙方必須要溝通」。對於馬習會，她也表示，她不反對兩岸交流，甚至覺得兩岸交流是必要的，因爲可以讓兩岸關係穩定下來。她也不排斥兩岸領導人的見面，如果是成功的見面，有人民與民意支持，在民主的基礎上去見面的話，這對兩岸的和平進程是有的。……，作爲國家領導人的責任必須要把民主機制建構好，讓台灣人能夠確保，做重要決策的時候，可以參與，可以有自由意志做選擇，這是任何世代台灣人與台灣領導人必須做的事情。」

顯然，從台灣的角度出發，蔡英文認爲馬習會缺乏人民與民意支持的民主基礎，但她不排斥兩岸領導人的見面，前提是必須把民主機制建構好，她更認爲「選後，兩岸雙方必須要有一個溝通的過程」，兩岸才有可能穩定與和平。這是蔡英文在馬習會後十幾天來對大陸所展現的政治誠意與善意，她相當清楚瞭解，當選總統後必須與大陸展開政治溝通，以確保台海的和平穩定。至於兩岸領導人的會面，則必須等到台灣內部把民主機制建構好才能推動進行，而這個民主機制的建構，看起來就是以她先前提到的「對等尊嚴、公開透明與不要有政治前提」做爲會面的程序原則及要件，可能透過跨黨派的「台灣共識」會議或兩岸協議監督處理條例的特別立法方式予以確立下來，目前來看，選後要立即進行蔡習會的客觀條件與可行性並不高，但兩岸應該儘速進行政治溝通。

這是繼蔡英文今（二〇一五）年六月訪美提出「維持兩岸現狀」與「在中華民國憲政體制下推動兩岸關係」的政治論述之後，進一步拋出「選後溝通」的兩岸穩定與和平的具體主張，似乎意味著，兩岸關係發展不應該因爲台灣內部的政治變動或政黨輪替而有所翻轉或改變，兩岸主政者必須共同面對台海的和平穩定展開政治溝通，甚至在過去歷史事實互不否認的基礎上找尋新的政治對話共識，以共創未來的兩岸新局。

國、共之間有「九二共識」與「一中各表」或「一中原則」的政治基礎，不管對「一中」的定義或內涵存有多大的政治歧見與爭議，但在雙方「互不承認主權、互不否認治權」的政治定位上是存有共識的基礎。民、共之間的政治互信較爲薄弱，雙方目前也沒有政治共識的基礎，這是蔡英文當選後必須正視面對的嚴肅政治課題。看起來，對岸給蔡英文必須處理的時間是五二〇的總統就職演說，而政治底限則是民進黨必須「承認九二共識的歷史事實，認同其核心意涵」，這是蔡英文當選後必須面對的政治考驗與挑戰，如何在「兩岸分治」與「兩岸同屬一中」的政治距離中，找到可以相互忍讓或接受的政治平衡點或公約數？恐怕就是蔡英文提出選後兩岸溝通主張必須克服的政治難題與障礙，這是蔡選後「如何維持現狀」的重要政治觀察指標，也是兩岸關係發展是否會產生重大變化的轉折關鍵！

選後，兩岸主政者必須溝通對話，無論在陳水扁或馬英九當選後都曾發生，只是十六年前或八年前的政治時空環境有所不同而已，但最重要的價值都是在確保台海和平與穩定，雙方在不同的政治基礎上發展兩岸關係。如今，蔡英文即將當家做主，馬習會又進一步的爲兩岸現狀劃下新的政治底限，不管「一中各表」是否眞的消失不見了，但蔡英文上台後所面臨的兩岸關係絕對是更加嚴峻難解，如何確保並維持台海的穩定與安全？對「一中問題」如何找到雙方可以某程度「政治諒解」的替代方案，這是蔡英文必須展現政治智慧與善意的考驗開始，但也是大陸當局必須體現政治彈性與務實韌性的重要開端，亟須雙方各讓一步，讓雙方的接觸溝通與對話能有新的進展與成效。

新時代的兩岸新變局，是新的政治挑戰，也是一個新的政治機遇，如何化解兩岸可能政治對撞的危機？如何正面解開兩岸根本性的政治障礙？如何共創兩岸互利共榮的新政治時代？就看兩岸主政者願不願意拋下政治成見，並展現善意和解的政治智慧與格局了。

二〇一五、十一、二十四

5 「兩岸險局」真的要攤牌了！

巴黎氣候峰會上，大陸國家主席習近平與美國總統歐巴馬會晤時，主動提及台灣問題，習近平指出；維護台海和平穩定，符合中美共同利益，希望美方以實際行動支持兩岸關係和平發展，迴異於今（二〇一五）年九月習近平訪美，與歐巴馬的會談中絕口不提台灣問題的情況。究竟這兩個多月的中美關係與兩岸問題發生了甚麼樣的變化？使得大陸領導人習近平會有如此明顯的政治轉變？原本不想也不願美國插手或介入台灣問題的大陸當局，愈來愈擔心蔡英文可能當選總統，因爲她比較親近或偏向與美、日合作，可能在未來會造成中國大陸處理包括東海、南海與釣魚台等周邊國家的政治爭議時，產生更多不確定的影響。因此使習近平必須採取新的政治立場與態度，適時提醒美國方面「應該以實際行動支持兩岸關係和平發展」，不要以拉攏台灣的政治操作來抗衡中國大陸，同時也似有若無的提出政治警告，希望蔡英文不要跟隨美、日的政治動作，破壞了台海和平穩定的現狀。

這兩個多月來，從兩岸被關押判刑並坐牢的情報人員的首度「換俘」，到進行「馬習會」的歷史性大事，兩岸關係發展的確推進到新的政治里程碑，改變了「只經不政」或「先經後政」的原有現狀，其實已經正式邁進兩岸政治對話、協商的新時代，「馬習會」的結果雖然不如人意，但兩岸領導人會談的政治價值卻已深植人心，並彰顯兩岸和平發展的政治道路不該也不能有所逆轉，台灣縱使再度政黨輪替，兩岸領導人或執政當局都應該有責任與義務，必須努力維持台海和平的穩定與安全，而且更應該繼續推動兩岸的互動、交流與合作。

這也就是爲什麼蔡英文在面臨即將執政的關鍵時刻，除了提出「維持兩岸現狀」與「遵循中華民國憲政體制推動兩岸關係發展」的政治主張外，也願意主動拋出不排除「蔡習會」與「選後兩岸政治溝通」的新思維，展現對中國大陸的政治善意與寬廣政治格局，以更加理性、務實的政治態度來面對選後兩岸的新變局。因爲，蔡英文相當清楚，做爲台灣未來可能的政治領導人，必須努力維持台海和平的穩定與安全的現狀，兩岸關係發展才能持續前進，台灣的經濟問題才能突破困境持續繁榮。民、共之間縱使政治互信比較薄弱，也缺乏共同的政治基礎，但做爲負責任的可能執政領導人，必須誠實面對民、共對立的政治僵局以尋求新的解套契機，縱使無法接受不符合台灣多數民意的九二共識與兩岸同屬一中的一中原則，也必須用更積極的政治態度，找到雙方可以忍受或諒解的替代方案來對接「一中問題」，「中華民國憲政體制說」是個新的政治嘗試與開端，但如何用更具體且精確的政治論述及宣示來體現「一中」的核心意涵及政治意義？應該是雙方選後溝通的最關鍵問題所在。民進黨其實應該在選前便成立新的「兩岸小組」，研究並規劃選後兩岸溝通的政治因應方案，在選後的「中國事務委員會」中討論並決定可行的溝通策略與協商，以面對政黨輪替後的兩岸新變局。

大陸方面雖然擔心民進黨選後的政治走向，除了比較不擔心民進黨會往「法理台獨」的方向走以外，其實對於民進黨會不會配合美、日搞圍堵中國大陸的「政治同盟」感到憂慮，也對民進黨執政後對於兩岸服貿、貨貿協議、加入亞投行、加入TPP、RCEP、及兩岸互設辦事處等具體議題的可能想法相當關心，認爲是否有可能朝向柔性台獨、文化台獨及和平台獨的方向發展。這些問題都是民進黨主政後，必須面對且具體攤牌的對中政策檢驗標準，民進黨能否改變思維、調整心態並展現具體的善意訊息？或是往「逢中必反」的政治方向靠攏？這是未來兩岸能否維持現狀、穩住台海和平與安全，並維護推動兩岸交流與合作的重要內容，也是蔡英文當家後如何落實維持現狀的具體觀察指標。民進黨與蔡英文更應做好政治準備來面對政治挑戰。

總之，蔡英文當選後的兩岸關係發展走向，不僅是相當嚴肅且沉重的政治考驗，而且是攸關台灣經濟發展與面對兩岸問題「國際因素化」的重大政治轉折關鍵，台灣如何在「親美、友日、和中」的政治戰略平衡遊戲中，維繫住自己的生存命脈？蔡英文又如何在「馬習會」後，從已經框住九二共識與一中原則成為兩岸維持現狀要素與內容，找到可以讓大陸當局「暫時接受」的政治替代方案？或許是蔡英文相當兩難的政治抉擇與挑戰，但卻是很難迴避且必須面臨政治攤牌的執政難關，民進黨是否已經做好準備來因應這個新時代的兩岸新局勢？就看蔡英文的「下一步」怎麼走了！

二〇一五、十二、二

6 勝選後的權力真空政治危機

明（二〇一六）年一月十六日台灣總統大選結果揭曉，倘若無重大事件或意外事故，蔡英文應可拿下過半數選票當選總統，問題是從一月十七日選舉結果揭曉隔天開始，到五月二十日總統就職，台灣面臨新舊民意的政治交替轉折，但是有很多事情是沒有法律規範的政治空窗期，新國會與舊總統如何處理解決這段「政治動盪期」的政府運作？兩岸關係發展如何順利對接繼續交流？政權交接如何平穩過渡？這是台灣「權力真空」的政治黑暗期，台灣如何安然渡過？需要朝野政黨及其領導人足夠的政治智慧與胸襟格局來加以克服解決。

兩千年的政黨輪替，交接期有兩個月，國民黨雖然意外敗選，但還擁有國會過半的政治優勢可以制衡陳水扁政府，雙方爭議的重點是「組閣權」歸屬的左右共治問題；當時陳水扁新總統任命國民黨籍的唐飛組閣，原本就有遷就國民黨國會過半優勢的政治現實存在，因此，政權交接基本上並沒有出現太大的政治障礙，國家機器還勉強能夠穩定運作，大家摸著石頭過河，順利解決了兩個月的政治眞空黑暗期。

可是，如今的二〇一六，主客觀條件與政治情勢與兩千年大相逕庭。蔡英文倘若當選總統，立法院可能過半也可能不過半，第三勢力與其他黨派的立委席次也可能成爲左右政局發展的「關鍵少數」力量，政局變化還很難說，也有可能會有類似「大聯合政府」的政黨合作結盟情形出現，如何穩定政局、安定民心是相當重大的政治考驗。立法院正、副院長的選舉，二月一日開議當天便要決定由誰出線，而「誰來組閣」的政治爭議也勢必會浮上檯面，究竟舊內閣是否要依照政治慣例在一月底之前進行總辭？舊總統在內閣總辭後是否可以不經過與新總統政治協商，便提名新的內閣向新的國會負責？如果舊總統仍然提名舊閣揆來組閣，新國會雖無閣揆任命同意權，但可不可以不接受舊總統提名的閣揆到立法院提出施政報告或直接進行倒閣呢？歸根究底，關鍵的爭議問題是倘若政黨已經輪替，舊總統有沒有法定職權或政治實權提出任何不與新總統協商通過的閣揆人選？這個憲政爭議的大問題恐怕就是選後難以避免的政治火藥庫，稍一不愼處理，台灣就立即面臨憲政爭議與危機，恐難妥善解決此政治爭議。

二〇〇〇年的兩岸關係發展也與二〇一六年的政治現狀有所不同，當時兩岸之間並沒有簽署任何的協議，也沒有共同的政治基礎存在，很多東西可以說變就變，對台灣民心與兩岸局勢沒有多大的影響。可是，二〇一六年的情形已經有所不同，兩岸交流合作頻繁熱絡，兩岸觀光交流與商業往來互動局面早已今非昔比，兩岸兩會協商與事務性交流情形隨時隨處可見；然而，國、共雙方交流的政治基礎是九二共識與一中各表或一中原則，可是即將執政的民進黨並不接受這個政治共同基礎，如此兩岸原有的交流與合作如何維繫？這是兩岸關係發展的政治可能變數，蔡英文上台後必須處理九二共識或可能替代方案的問題，才能維持兩岸現狀繼續交流合作，而在五二〇就職前可能就必須直接攤牌面對。

政權交接情形也是如此，馬總統是否願意交出許多政治機密檔案讓蔡英文接收？在「政權交接條例」相關立法尚未完成之際，舊政府如何與新政府展開政治對接的相關事務，仍然存在著許多的政治爭議與黑箱作業，如何平穩過渡？的確是個大的政治問題；更何況，倘若民進黨完全執政，國民黨內部面臨政治崩解或分裂的局面，民進黨又立定志向要處理國民黨的黨產與轉型正義的問題，屆時的馬總統與國民黨又如何能甘心俯首稱臣順利交接？更是問題的關鍵所在！

因此，對於可能即將勝選的蔡英文，其實應該清楚掌握選後「政治問題」的嚴重性與政治空窗期可能的政治危機，或許該在選前提早成立「國會運作小組」、「兩岸溝通小組」與「政權交接因應小組」，儘早謀求因應解決之策，以免選後政局的紛亂造成更難收拾處理的政治危機，讓民進黨的執政演變爲政治動盪或政治災難的開始！

民進黨面對即將執政的政治變局，已經不再是首次政黨輪替的政治新手，是該好好思考如何平穩過渡穩定民心的的治國戰略了，這是蔡英文即將勝選所須面對的政治險局，也是考驗民進黨執政能力的重要政治信心問題！

二〇一五、十二、四

7 民進黨應正確解讀大陸涉台專家的善意訊息

最近，大陸兩位重量級涉台事務專家孫亞夫與章念馳紛紛在不同場合提出台灣大選後的兩岸關係發展看法。孫表示，明年一月台灣領導人選舉之後，如果台灣政局發生變化，會對兩岸關係產生影響，但其中一些因素不會變化，大陸也有能力有條件維護兩岸關係大局的穩定，而且還會繼續推動兩岸交流合作。

章念馳則表示，即使民進黨全面執政也不是兩岸關係的末日，因爲台獨永遠無法實現；其次，台灣對大陸有高依存度，台灣的未來必將走向大陸。他並認爲，「一個跟我們有著政治連接點的台灣當局失去執政，甚至失去立法院多數席次，這個結果對於我們來說非常沉重，但是這個結果也是必然的。台灣問題的發展是由台灣內因決定的，並不是兩岸關係和大陸因素決定的。」

顯然，這兩位具政治指標意義的大陸涉台事務專家，不論是具多年兩岸政治談判豐富經驗的前國台辦副主任孫亞夫，或者是身處上海政經樞紐並對涉台事務有重要建議權的章念馳，都幾乎認定蔡英文即將贏得總統大選且重返執政的局勢已經不容易有所改變。但他們卻不約而同的認為，縱使台灣再度發生政黨輪替，大陸當局也有高度自信與能力來維護兩岸關係大局的穩定，並認為在台獨永遠無法實現以及台灣對大陸有高依存度的政治制約因素下，即使民進黨全面執政也不會是兩岸關係的末日。

看起來孫亞夫與章念馳都在為民進黨可能重返執政的兩岸變局嘗試作定性與鋪墊，一方面期盼兩岸關係發展不至於因為台灣政局的可能變動而產生根本性的政治逆轉，兩岸關係的交流合作與和平穩定的大局也不應有所改變或加以翻轉；另一方面則在消除大陸內部的疑慮與焦慮，民進黨縱使上台執政，也未必是兩岸關係與大陸因素所能決定，大家不必因此感到挫折或灰心，仍然應該繼續堅持兩岸和平發展的正確政治道路。

這是大陸涉台部門對台灣內部，對民進黨的可能執政所釋放出來的政治善意與務實訊號，大陸不僅不會過度介入台灣大選的政治過程，而且也更加願意保持與即將執政的民進黨共同努力維持兩岸關係的和平與穩定，民進黨只要能夠在「不獨」的政治基礎上與大陸開展新的政治關係，甚至尋求建構民、共之間的新政治共識，兩岸關係和平發展的政治道路就不會產生逆轉，兩岸的交流與合作也只會往前繼續推動與邁進。

其實，大陸涉台部門經過多年的兩岸交流與發展經驗，已經相當充分瞭解台灣的民情變化與掌握台灣的民心向背，台灣的政黨輪替是政治現實，也是常態的政治變化，誰能執政當家主要還是台灣內部因素所加以影響。因此，兩岸關係的發展或許因爲政黨輪替而有短暫的政治衝擊與變化，但主軸方向與根本立場則不會大幅度的轉變或調整，除非其間因爲有美、日等外國因素的干預或介入炒作；從大陸的政治角度出發，只要能「有效預防、安全控管」兩岸關係發展的國際因素，縱使民進黨再度執政，也不會往台獨方向去發展，兩岸關係的和平發展道路也不會產生動搖或逆轉。

總之，在孫亞夫、章念馳分別釋放對台選後變局的善意訊息之後，民進黨更該清楚解讀大陸涉台部門對台善意態度，積極找出對接九二共識與一中原則的政治替代方案，以因應勝選之後的兩岸新變局，切勿被選舉結果的可能勝利而沖昏了頭，做出錯誤的政治回應，讓兩岸關係發展陷入政治動盪的不可測的危機當中，那就更難加以自拔、自救了！

二〇一五、十二、二十二

8 邱太三「中華民國骨架說」的政治解讀

民進黨總統參選人蔡英文日前與七大工商團體座談會時強調，如果她當選總統將致力維繫兩岸穩定發展，並以維持現狀作爲兩岸事務的核心，「作爲一個總統必須超脫黨派的立場，以全民的立場處理兩岸事務」。對於北京堅持以九二共識作爲對話基礎，蔡也表示，「我們（兩岸）現在面臨的立場差異不是不能處理，台灣民意與北京壓力之間必須取得平衡，民進黨一旦執政將與國際、對岸好好溝通，不挑釁、也不會有意外，持續維持兩岸關係穩定。」

與此同時，前陸委會副主委、目前擔任桃園市副市長的邱太三，他在出席成功大學南瀛國是論壇時表示，明年台灣若政黨輪替，蔡英文的當選演說及五二〇就職演說內容是否接受九二共識或依循憲法，將是兩個政治解讀與判斷重要的時間點，而選後兩岸會有一段「冷和」情勢，雙方可能都要重新探索底線爲何，跟新的互動方式。他認爲，民、共交流不同於國、共交流，民共的交流應會著重在雙方衝突與損害的管控——在短期內創造政經效應，可能不容易——主要是雙方互信基礎、溝通管道等；假設民進黨明年上台，新政府不可能拋棄既有的機制與管道或另起爐灶。

另外，邱太三表示，就他個人解讀，蔡英文提出未來兩岸是在中華民國的憲政體制的秩序下運作，其實已經超越了一九九九年的「台灣前途決議文」，這個決議文在當時只是借了中華民國的名字，依現行憲法叫中華民國，其他東西都沒有提到；但蔡英文最近的說法，已經有了骨架，就是中華民國憲法的憲政體制運作。換句話說，過去只是虛有臉孔，就中華民國四個字，但現在有了骨架。邱還說，如果大陸朋友能理解，蔡英文要跨到這一步，在黨內要有很多的溝通、協調與整合，他不敢講沒有反對，但不同意見已低到看不到，可以說基本上是沒有的。

邱太三並認爲基本上，蔡英文的兩岸論述內容仍然是維持訪美行智庫演講的主軸，以「維持現狀」及「中華民國現行憲政體制」爲基礎，來推動兩岸關係和平穩定發展的新互動架構，只是這一次她更特別強調「風險管理意識」，民進黨倘若執政，「將與國際、對岸好好溝通，不挑釁、也不會有意外」。同時，他也意有所指的表明「作爲一個總統必須超脫黨派的立場，以全民的立場處理兩岸事務」，以藉此面對北京堅持用九二共識作爲對話基礎的政治壓力。

邱太三與蔡英文關係相當密切且長期扮演蔡英文兩岸重要幕僚角色，此時提出的觀點就相當有趣且饒富政治想像空間。基本上，他認爲蔡英文勝選後，兩岸關係將會有一段「冷和」的相互摸底政治互動過程，但在雙方互信基礎薄弱、溝通管道不足的情況下，會著重在雙方衝突與損害的管控，在短期內應該不容易創造政經效應。邱的說法雖然間接呼應了蔡英文「要溝通、不挑釁、不會有意外」的風險管控說法，也間接承認選後兩岸關係將不會太好的外界疑慮。然而，這番發言豈不與蔡英文一再對外保證「維持現狀」與「持續維持兩岸關係穩定」的政治立場有所扞格？究竟是邱本人對蔡英文的風險管控政治能力缺乏足夠的信任所致？還是因爲蔡英文的國安及兩岸幕僚團隊至今仍然沒有做足準備與對策，防範選後兩岸敵意螺旋上升？又或者是考量兩岸關係發展是好或壞的主控權完全操之在對岸手中，所以只能先打預防針或埋下政治伏筆？

令人頗感到意外的是，邱太三說蔡英文提出未來兩岸是在中華民國的憲政體制下的運作，已經超越了「台灣前途決議文」，他認爲這個決議文在當時只是借了中華民國的名字，但蔡的說法「已經有了骨架」，目前黨內的不同意見「已低到看不到」。顯然，以邱太三個人解讀的政治觀點，蔡英文的「中華民國憲政體制」推動兩岸未來關係的說法，已經超越了「台灣前途決議文」的基本政治意涵與價值，而且也已經形成黨內的政治共識。倘若事實果眞如此，那麼蔡英文或民進黨眾多政治菁英爲什麼至今不願意鬆口承認準備更進一步推動修改台灣前途決議文，往具實質內涵與精神的「中華民國」或「中華民國憲政體制」的方向靠攏，成爲具「一中憲法」政治價值的「中華民國決議文」，來對接中國大陸的「九二共識」歷史事實呢？這到底是邱太三個人「過度解讀」蔡英文的政治主張？又或者是筆者個人「不當推論」邱太三的政治原意呢？抑或是，「說歸說、做歸做」，完全是兩碼事，民進黨原本就不願與時俱進面對「一中問題」！

其實，做爲長期觀察兩岸關係發展的政治評論者，個人向來尊敬並佩服邱太三不爭名、不求功的從政風格與推動兩岸交流的努力及用心，對於他的兩岸主張與論述也相當地支持與肯定，他目前是桃園市副市長、又是民進黨執政縣市與對岸城市交流統籌對口的負責人，是蔡英文相當倚重的兩岸幕僚，更是今（二〇一五）年三月隨桃園市議會到上海進行交流的民進黨直轄市副市長。以他個性謹慎的性格來看，此刻公開發言內容應該是經過蔡英文同意且具政治代表性，是否意味著蔡英文在選前還是沒有避免選後兩岸敵意螺旋上升的應對方案和機制？目前可能有的「雙方衝突與損害管理」方向正是朝著修改「台灣前途決議文」，或是當選就職後「不兼任黨主席」，以全民的立場處理兩岸事務，做爲可能的政治替代方案？個人雖無法清楚、正確解讀蔡英文的可能政治動向與整體政治思維佈局，也對邱太三此時發言內容背後政治動機無法有所掌握，但還是相當肯定他們對「維持兩岸關係穩定」所作的種種努力，希望選後的兩岸溝通是「水到渠成」的成熟結果，而不至於往加深雙方敵意螺旋的方向發展。

二〇一五、十二、二十五

9

九二新論述　正開啟兩岸的機會之窗

上屆總統大選蔡英文敗選，很大陸涉台朋友都不約而同的告訴我，如果蔡英文能夠在選前正式表態接受「九二共識」，蔡英文就能夠翻轉選情贏得大選。當時，我回答的說法則是，蔡英文不是一個爲了選舉利益可以短線操作改變政治立場的人，她最大的問題是在政治上太過老實，在性格上太過冷靜、理性及嚴謹，縱使心中認爲沒有九二共識的「共識」事實，也不該那麼直率的表達「兩岸並不存在九二共識，當然沒有接不接受、承不承認九二共識的問題」想法，反而應該轉個彎換個說法，「九二共識是未來兩岸關係發展可能的政治選項，我們會加以正視面對處理，希望選後能夠與對岸對一中內涵的政治詮釋與爭議好好溝通，並藉此建立兩岸和平穩定的互動架構，共創兩岸雙贏的政治新局」。

歷史無法重來，如今時過境遷，當時大陸朋友的政治觀點，或許眞的可以翻轉蔡英文的選情，也可能「失之東隅，收之桑榆」，流失綠營部分基本票源但卻增加經濟選民與中間票源，一得一失之間很難估算輸贏。然而，三年多以來個人仍然堅信蔡英文不會為了選舉利益改變其個人重大的政治立場與觀點，但這幾年的政治磨練應該可以讓她鍛鍊得更加成熟穩健，對於九二共識這種複雜的政治爭議問題，不是存在不存在或承不承認的簡單二分法問題，而是如何擺好正確態度加以重新詮釋的政治語言使用問題，這不是為了選舉利益的政治考量，也不會因此就喪失其基本立場的政治堅持，更重要的政治價值是在其背後所隱含的兩岸關係和平穩定的大局思考，以及所慣有的「面子」問題。

蔡英文在總統大選電視政見會與電視辯論會中對九二共識的回應重點強調：「民進黨沒有否認一九九二年兩岸會談的歷史事實，也認同當年雙方都秉持相互諒解精神，求同存異，希望兩岸關係往前推進的這一段協商溝通的經過和事實。這也是兩岸交流累積成果的一部分。」對照她當年直接否認有九二共識存在的說法，其政治立場的確已經有所修正或調整，從「拒絕承認」改為「沒有否認」九二年兩岸會談的歷史事實，與習近平總書記在馬習會閉門會議中所講的「只要承認九二共識的歷史事實，認同其核心意涵，我們都願意同其交往」主張，雖然遣詞用字上還有一段差距與距離，但至少已經「態度正確、展現誠意與善意」，願意正式表態希望選後大家好好溝通，回歸九二會談的基本事實和求同存異的精神，不排除在適當時機共商一中爭議問題。

這是蔡英文深思熟慮、理性判斷的政治立場與說法，不是爲了個人選舉利益的政治考量。因此，縱使蔡勝選也不會說變就變，維持現狀與求同存異的基本立場，仍然是她要與大陸好好溝通的「政策」方向，不會是選前說一套、選後又說另一套的「策略變化」；蔡英文的「九二會談歷史事實說」雖與「九二共識歷史事實」還有「共識與否」的政治差距，關鍵在大陸認同「兩岸同屬一中」的核心意涵，如何與國民黨「一中各表」及民進黨「求同存異」的政治歧見尋求新的政治共識基礎問題，並不在於「九二名詞」的文字用法與詮釋。

換句話說，選後的兩岸關係發展，無論三位總統候選人誰將勝出，政治關鍵就是「一中問題」而不是「九二問題」，九二共識或九二會談的歷史事實只是過去政治歷史縮影的「代名詞」，「一中問題」如何解決才是「主詞」或「動詞」，才是兩岸關係何去何從的政治根本問題，目前國民黨的「一中各表」沒有給答案，蔡英文的「求同存異」也只是個方法、原則，並沒有眞正的結論，選後要如何處理？才是問題的開始！

九二共識不是政治萬靈單，貼上了，兩岸關係發展就眞的不會波濤洶湧、地動山搖嗎？要不要搖？要不要動？主控權是在中國大陸！蔡英文如今願意展現善意積極回應，「沒有否認」甚至「接受」九二會談的歷史事實，也認同當年雙方都秉持相互諒解精神「求同存異」，便是保留選後兩岸溝通的政治機會與空間，這是蔡英文在選前的政治承諾與保證，不是爲了選舉利益或選戰的策略變化政治考量，而是爲了維持兩岸關係和平穩定的大局在做整體思考與佈局，「好好溝通，不挑釁、沒有意外」來務實面對未來兩岸關係的發展，大陸當局難道就看不懂蔡英文的善意與誠意嗎？或者，眞的要把蔡英文推到政治牆角，要她在接受「九二共識」或擁抱「美、日政治同盟」的問題上做政治選擇嗎？

做爲「風險管理者」思考重於一切的蔡英文，不會把兩岸問題做爲政黨競標或選舉的政治操弄工具，更不會把台灣帶入「烽火外交」或「戰爭衝突」的危險境地，維持現狀、穩定台海和平與安全及遵循中華民國憲政體制推動兩岸關係發展，是她一致且可預測的兩岸政策主張。如今，又能以正確態度、務實面對九二共識的歷史事實，用「九二兩岸會談的歷史事實與求同存異相互諒解的精神」來善意回應，大陸方面或許仍然無法接受或滿意蔡英文的「政治上一小步」，或許在選前仍然不願意化解政治疑慮並務實解讀蔡的政治善意積極作爲，但至少也應展現「泱泱大國」的政治風範，保留選後兩岸的政治溝通機會與空間，讓「一中問題」的爭議可以找到相互讓步解決的替代方案，則兩岸關係的發展應該就能往更上層樓的正面方向邁進，兩岸的政、經與社會融合也就能有「繼往開來」的新未來。

二〇一五、十二、三十

第五章

就職前的兩岸政治溝通與準備

兩岸關係發展最怕雙方溝通管道不順暢，造成政治誤解與誤判結果，尤其是在中、美戰略平衡政治關係尚未穩定健全之際，兩岸問題的國際因素是制約兩岸關係發展的關鍵問題，也是蔡英文政府在就職前後必須側重的政治問題。維持現狀如何維持？誰在破壞兩岸的和平、穩定與安全？是蔡英文上台後必須面對的政治考驗，也是兩岸關係發展是否能夠避免政治對撞、化危機為轉機的關鍵所在！

1 總統就職前的政治挑戰

狂勝朱立倫三百零八萬票、贏得超高標六十八席立委席次的蔡英文與民進黨，完全執政、完全負責選民的負託，是嚴酷的政治挑戰，也是高難度的政治任務與重擔。畢竟，馬政府無能主政八年的政治爛攤子要如何收拾善後？能有立竿見影的政治效果嗎？恐怕絕大多數人的心中都依然充滿太多的問號！

從選戰的觀點出發，國民黨真的是兵敗如山倒、潰不成軍，但卻是完全敗在自己手上，怪不得誰、怨不得人！馬英九的執政包袱、朱立倫的無能領導、連戰的大閱兵、洪秀柱的一中同表、抽柱換朱的政治爭議、正毅連線的小丑跳樑、王如玄軍宅事件與黃復興黨部的脫軌演出……都是敗戰主因，當然，選前黃安舉報周子瑜台獨的道歉風波，錯雖不在國民黨身上，但朱立倫與馬英九的危機意識與應變能力嚴重不足卻是難辭其咎，只能讓原本敗選的戰局損害繼續擴大，讓國民黨的立委多輸了約有二到三席，造成如今這個空前慘敗的政治局面。

蔡英文勝選過後的政治習題接踵而至，面對馬總統邀請入府會商的多數黨組閣問題，是憲政問題，也是政治問題。修憲緩不濟急，三月初立法院各委員會召委選出才能排定立法議程的「總統交接條例」，何時可以完成審查似乎遙遙無期，也不具任何法理正當性可以處理多數黨組閣的問題，蔡英文擺明了拒絕提前組閣的政治提議與協商，讓四個月的政治空窗期就這樣擺在那裡，政治惡果全民共同承擔！其責任雖不該由蔡英文承擔，但卻是她政治的失分。

立法院正、副院長改選是民進黨「準備執政」的第一道菜，是蔡英文展現領導能力的重大政治考題，蘇嘉全、柯建銘與陳明文等黨內政治菁英都有意爭取，他們都各有專長也各有優缺點，誰是適才適所的最佳人選，都有賴蔡英文來定奪，是進行民主程序的假投票或是蔡英文出面協商整合來加以決定？

立法院二月一日即將開議，選完正、副院長並決定農曆年過後的開會日期後，民進黨立院黨團就必須提出落實蔡英文國會改革五大訴求政見的相關法案：立法院組織法、立法委員職權行使法修正案都要配套拿出來，再加上總統交接條例、兩岸協議監督處理條例、政黨法、黨產處理條例等新法案的提案，能否迅速提出並完成立法審查的程序？國民黨與時代力量立院黨團的可能杯葛如何處理？民進黨與親民黨是否可能進一步政治結盟或合作？都是相當複雜的政治工程，民進黨在過半立委席次的情況下，有可能不顧朝野和解政治氛圍、以藍緣對決結果，用「多數決」的政治手段完成立法程序，也可能是經過朝野協商的政治和解程序解決爭端完成審查，這是蔡英文可能還沒上任就職時必須面臨的政治決擇。

內閣的人事安排也是政治觀察重點，除了正、副閣揆與各部會正、副首長的徵詢與選定之外，還有總統府、國安會與考、監兩院的部會正副首長人事也要處理解決。如何展現大格局的視野和氣度並兼顧民進黨內的政治菁英人事安排考量？是相當不容易的政治布局，新總統蔡英文也必須費盡思量。當然，接下來還有軍政、軍令與外交系統的人事佈局，以及國營事業董事長、總經理的人事安排，是否可以因此樹立領導威信與權威？端賴蔡英文以及其政府領導團隊的「慧眼」能否找到眞正適才適所的優秀人選。

在總統交接條例尚未完成立法之前，其實新舊任總統及其政府團隊早已著手進行政交接程序，業務簡報、檔案整理及移交、人事對接都會緊鑼密鼓地加以進行，民進黨在二〇〇〇年總統大選陳水扁勝選後的交接經驗可以借鏡。如何從李登輝前總統政府團隊接下政權，如何在二〇〇八年又把政權交接給馬英九總統的政府團隊？蔡英文可以借重邱義仁等人的交接經驗立即成立「政權交接小組」以為因應及處理。目前看起來，十一月七日「馬習會」的兩岸政治磋商往來過程的檔案資料，是相當重要的政治交涉經驗與內容，蔡英文有必要在就任之前就儘速加以掌握，以免該重要檔案被人間蒸發或銷毀，造成更難加以收拾的政治後果。

最後，蔡英文承諾勝選後要與國際、中國大陸進行溝通的事，也是重要的政治重點與關鍵，除了與美、日、歐洲及東南亞重要國家在最近展開密集的溝通之外，也要與中國大陸的溝通，這是蔡英文未來執政的重大政治習題，也是全民關注蔡英文究竟能不能維持現狀、維持台海和平穩定的重要關鍵。想必大陸方面也正等待蔡英文派遣溝通代表赴大陸溝通，到底五二〇的就職演說內容能否對九二共識與一中問題有較具體明確的政治回應？大陸方面可不可能接受或忍受蔡英文的可能方案與內容？這是兩岸關係和平發展的新政治轉折，也是民、共關係能否突破僵局的政治機遇，外界都相當關切此事的發展與變化，蔡英文能否在就任總統後處理好兩岸關係的關鍵也在於此，大家都拭目以待。

沉著冷靜、聰慧過人的蔡英文，在歷經種種的政治磨練之後，終於要上場擔任國家領導人，主掌國家機器的政治運作，然而還未上任前就必須好好處理上述諸多的政治挑戰，不只要能「安內攘外」，也更要能夠符合民意的期待及其所交託的政治重擔，台灣的政經社會問題千瘡百孔、百廢待舉，蔡英文新總統能否展現領導能力克服政治難關以迎接新時代、新政治的未來新局？大家都在看！

二〇一六、一、十九

2 兩岸溝通的政治基礎

總統當選人蔡英文在選後接受媒體專訪時表示，「維持現狀」就是台灣的主流民意。維持台海和平以及兩岸關係的穩定與發展，是各方共同的期待，但這不是單方面的責任，兩岸都要一起努力，來建立一致性、可預測、可持續的兩岸關係。她強調，今（二〇一六）年五月二十日新政府執政之後，將會根據中華民國憲政體制，秉持超黨派的立場，遵循台灣最新的民意和最大的共識，以人民利益爲依歸，致力確保海峽兩岸關係能夠維持和平穩定的現狀。

蔡英文認爲，九二年之後廿多年來雙方交流，協商所累積形成的現狀及成果，兩岸都應該共同去珍惜與維護，在這個基本事實與既有的政治基礎上，持續推動兩岸關係的和平穩定與發展。至於「既有政治基礎」則包含己個關鍵元素，第一是，一九九二年兩岸兩會會談的歷史事實，以及雙方求同存異的共同認知；二、是中華民國現行憲政體制；第三，是兩岸過去廿多年來協商和交流互動的成果；以及第四，是台灣的民主原則以及普遍民意，這是堅持確保台灣人民對於未來的選擇權，是新政府跟馬政府最大的不同。

顯然，蔡英文選後的說法與她在大選前的主張完全一致，雖無令人感到新奇或突出的政治論述轉折，也看不到有「特別回應」大陸立場的積極性表述，但卻與偏綠色彩屬性的台灣智庫選後最新民調結果不謀而合；該民調結果顯示，受訪者約有五成五反對蔡英文接受一中原則，六成對蔡英文處理兩岸議題有信心。看起來，蔡英文似乎期待以上述的政治論調與表述內容來與大陸「好好溝通」，希望兩岸共同負起責任一起努力，以確保兩岸關係能夠維持和平穩定的現狀。

蔡英文上述專訪的論述主軸重點是，「理解和尊重」九二年會談所達成的若干共同認知與諒解，不是「承認九二共識」，而是對於九二會談歷史事實的闡述，正面回應對岸所提出的「認同九二共識的歷史事實」。從大陸角度來看，蔡英文雖展現某種程度的善意與誠意，也做出部分讓步的婉轉回應，但因爲沒有眞正觸及到「九二共識的基本精神與兩岸同屬一中的核心意涵」，大陸方面不可能接受蔡英文這種「政治修辭學」上所謂的讓步與表述。

另外，蔡英文所謂的「既有政治基礎」，是蔡的詮釋與定義，或許是「不獨」的維持現狀，也或許可以解讀成回應九二共識政治基礎的「民主與民意」政治前提要件，保留雙方可以自行詮釋的政治對話空間。雖與柯文哲市長交由北京去詮釋的作法有所區別，但對大陸治角度來看，可能導出「小英由軟轉硬」的選後微妙政治變化觀察，對蔡英文選後兩岸的溝通政治氛圍容易增添更多不利的負面影響。

選後，蔡英文正面肯定大陸在選戰期間的善意，蔡的核心幕僚吳釗燮在華府智庫「戰略既國際研究中心」（CSIS）的演講中也表示，在這次大選中，除了「馬習會」的短暫插曲，中國大陸和兩岸關係都不是焦點，因此將選舉結果解讀為大陸的挫敗並不正確。相對於蔡英文與吳釗燮的善意表態，大陸央視卻在同一時間播出駐紮在廈門的解放軍，近日在中國東南沿海舉行大規模實彈登陸演習的畫面。這究竟是大陸的例行性軍事演習，目的不在針對蔡英文的選後政治表述有所不滿，只是時間上的巧合而已？又或者是藉此警告即將上台的民進黨與蔡英文，不能只是原地打轉虛應故事，必須真正拿出誠意與善意來確保台海的和平穩定與安全？雖然難以窺知大陸方面的政治動機與目的，但至少可以推測大陸方面雖然無法左右台灣大選的結果，可是選後兩岸關係發展的主控權是在大陸，要不要搖？要不要動？就看蔡英文對中政策的出招而定。大陸真正在意的是「承認兩岸同屬一個中國的核心意涵」，不是「理解和尊重九二會談的歷史過程與事實」，台灣方面不要過度低估大陸方面對九二共識與一中原則的政治堅持，更不要錯估政治形勢誤以為蔡英文當選、民進黨重返執政，大陸就會往民進黨的方向靠攏。

看起來，從現在到五二〇蔡英文就職上任，大陸不會給蔡英文好臉色看，但也不會刻意對蔡英文展開政治施壓，以保留讓蔡英文可以與大陸「好好溝通」並準備做出判斷與抉擇的機會與空間。五二〇當天的就職演說就是攤牌的政治時刻，已經高票當選總統並擁有國會過半超高標準六十八席立委席次的蔡英文，如何在中華民國憲政體制下，秉持超黨派的立場，遵循台灣最新的民意和最大的共識「維持現狀」？正考驗著蔡英文的政治智慧與格局。凍獨或許做不到，接受九二共識與一中原則也幾乎不可能，蔡英文究竟還有什麼樣的牌可以打？「中華民國決議文」或是成立跨黨派「兩岸和平發展委員會」也許是比較可行的政治選項及替代方案，就看蔡英文新總統的政治決心與魄力了！

二〇一六、一、二十二

3 如何「用對人」、「做對事」？

在野變執政，從地方執政邁向中央執政，民進黨該有嶄新的政治思維翻轉台灣的政經社會困境了。台灣的藍綠惡鬥、朝野政爭不再只是藍綠和解、朝野休戰的老舊政治問題，而是執政者如何帶領國家走出困境，迎向未來挑戰的領導能力問題。兩岸問題也不純然就是「一中問題」的政治爭議，也絕非扯不清的「一國」、「兩國」暫時無解的口舌之爭，而是美、中、台三角政治關係的平衡問題，是「國際因素變動中的兩岸關係」；因此，東海、南海主權爭議與周邊國家的利益衝突問題，自然就成爲兩岸問題的新熱點。

同樣地，台灣的民生經濟問題，也不再只是產業創新與產業出路的單純經濟競爭問題，它至少必須關照到國家財政資源分配、公平競爭產業環境、落實社會正義公平分配與國際經濟競爭環境的消長變化等的種種因素。這不是靠以前扶植特定產業或找到產業競爭的「關鍵技術與能力」的老方法就能解決問題，而是必須仰賴主政者全方位的政治領導能力才有機會衝破難關，帶領國家往前邁進。

歷經十六年來兩任總統陳水扁與馬英九的政治內耗與經濟空轉，台灣目前的政經社會環境是百廢待舉，人民生活陷入困境，民生經濟發展毫無起色與生機，再加上全球化的經濟不景氣影響，台灣的經濟寒冬與產業惡化的環境早已徘徊門前。蔡英文的當家主政，是台灣政經衰敗能否重生蛻變的一線曙光，是明或暗？是亮或滅？大家都在引領期盼重現台灣生機的新政治氣象眞的能夠到來！當然，這也至少間接提醒台灣民眾，這是一個政治機遇，必須好好把握現在，才能開創未來，否則將會走回頭路，比那十六年的政經黑暗期更加慘烈！

民進黨全面執政之下，藍綠惡鬥不是問題所在，而是民進黨能否調整在野心態，脫胎換骨穩健治理國家，做個稱職負責任的執政黨。這不是換了新國會，推動公開、透明的開放式國會可以竟其功，而是有沒有辦法提出「高品質」的法案來導正政府施政偏差與漏洞，有沒有能力提升立法效率來適時回應民意的需求與時代脈動？當然，更重要的是，蔡英文未來的執政團隊是否可以「用對人」、「做對事」，眞正擔起有爲政府的治理國家政治與專業能力；這還要看看蔡英文的內閣人事布局是否選出有領導能力及專業治理能力的政務人才而定。

兩岸關係發展經緯萬端，牽動台灣政局穩定與經濟發展的重要樞紐，也是美、中關係發展的重要影響變數。蔡英文如何在維持現狀與尊重中華民國憲政體制下，推動兩岸關係發展的「不獨」策略中，找到可以與中國大陸相互包容、尊重的政治平衡與互動往來連接點？這是蔡英文主政前後必須面對的政治難題，也會是大陸當局考量是否調整或改變對台政策的重要判斷基礎，蔡英文的「兩岸協議監督條例」草案版本的名稱與具體內容定位問題，是否改變原有「兩國論」意涵的政治定位？或許就是第一道必須明確攤牌的政治風向與指標。

當然，更重要的是蔡英文與兩岸關係有關的內閣人事布局，儘管外傳蔡英文指派為政權交接小組共同召集人的吳釗燮、林全與林錫耀可能就是閣揆與總統府、國安會秘書長的人選，但民進黨中央立即出面回應加以澄清說明，表示是功能性考量，不必然與未來新政府人事有所關係。然而，無論上述這三人的職位安排究竟如何？他們當然是蔡英文政府團隊必然會重用的重要人選，値得密切觀察！其實，大陸方面最關心的是陸委會主委與海基會董事長的可能人選，是由兩岸務實交流派或激進派人士出任？可不可能尋求跨黨派合作的適合人選？這是蔡英文兩岸人事的重要布局，攸關未來兩岸關係發展的政治轉折及變化，蔡英文更應該審愼評估其可能的人選，在「用人」與「政策」方向上做更妥善的安排與布局，以免增添兩岸更多不可測的政治風險與衝突危機，這是蔡英文上任前的第二道政治考驗習題。

蔡英文的理性穩健政治作風，廣受外界信任與好評，這是她面對台灣嚴酷的政經社會問題最重要的政治本錢，但大家對她有所期待也同時有所保留。新人新政是好的政治開端，立法院正副院長人事布局展現了蔡英文漂亮用人風格，倘若能進一步展現在內閣人事布局與兩岸相關人事的安排，用對人就能有更好的政策方向面對問題克服難題。於此，期待蔡英文新總統拿出政治魄力與政治格局，爲台灣的民生經濟與兩岸問題找到對的人做對的事，眞的能夠翻轉台灣的政治命運點亮新台灣，讓台灣可以眞正走出政經困境迎向新的美好未來。

二〇一六、二、四

4 上任前兩岸溝通的政治準備

蔡英文選後要如何與大陸溝通？原本就是個相當複雜的敏感政治問題，暫且不論溝通的內容與議題方向，單單就溝通的時機與人選就必須費盡思量，更何況還必須斟酌是公開或私下溝通、對岸買不買帳的問題？尤其在民、共雙方缺乏政治互信與共同政治基礎的情況下，民進黨內部如何做好溝通準備，並擺好溝通的正確態度與作爲？本身就是一道重要的政治考驗。

隱含「兩國論」政治定位的民進黨立院黨團「台灣與中國締結協議處理條例草案」，原本就被外界視爲刻意挑動兩岸政治敏感神經。因爲法案屆期不連續影響，民進黨必須重提新的版本送立法院審查；據了解，民進黨可能提出的新版本是以中華民國憲政體制爲核心思維的內容，去除「兩國論」的名稱定位不是問題，條文中有關的定義內容也會做部份的修正，以符合蔡英文選前「不挑釁，沒有意外」的兩岸政治基調，展現對中的善意與誠意，爲即將開展的兩岸溝通做好鋪墊與準備。

新科立委羅致政表示，兩岸監督條例的目的不是凸顯兩岸定位，不應該急著把兩岸定位問題，放在兩岸監督條例來討論，這樣子做是扭曲立法精神，卡住立法工作，更達不到監督兩岸簽訂協議的目的。顯然，與蔡英文關係密切、有豐富的對中交流經驗的羅致政已經清楚掌握到兩岸要「好好溝通」的政治脈動，正確解讀兩岸協議監督處理條例草案的立法問題，不該成為民、共政治溝通的政治障礙，唯有將「在野」時期的率性立法行動調整為「執政當家」的負責任政治作為，才有可能兌現蔡英文「維持現狀」與「尊重中華民國憲政體制推動兩岸關係發展」的競選承諾。

兩岸問題同樣也不單純就是兩岸問題。兩岸問題的國際因素、東海、南海與釣魚台政治軍事爭端、中美大國戰略關係的台灣問題都是兩岸目前正在面臨的棘手問題，正準備上台的蔡英文總統必須以審慎的態度加以因應，否則便很容易陷入更加治絲益棼的政治危機當中，無法維持好兩岸的現狀。

對於前總統李登輝的釣魚台歸屬論調，以及經美方證實中國在西沙灣群島部署地對空飛彈問題，蔡英文立即回應「釣魚台是屬於台灣的」，「南海主權爭議，目前是比較緊張的態勢，各方應秉持和平解決南海爭議的原則自我克制」，基本上是四平八穩的穩健立場表達，站穩台灣的政治立場，既不靠向美、日，也對中國大陸展現某種程度的善意平衡，是相當不錯的政治表現。

上述舉例的兩件政治作爲就是做好兩岸溝通，展現善意與誠意並擺好溝通正確態度的積極準備工作，接下來就是溝通時機的選擇與溝通人選的適任問題。其實，以蔡英文對外表示「四月」才是內閣人事佈局的時間來看，三月份應該就是兩岸溝通的政治時機，一方面三月三日、五日大陸召開兩會確立其對台政策與相關人事安排的時程，另一方面民進黨內部也應在近期內先統合內部意見，準備好兩岸政治溝通的方式、內容與代表人選，最好是成立召開「兩岸溝通小組」或召開停擺好幾個月的「中國事務委員會」來討論決定，三月中旬過後派遣溝通代表赴陸，剛好可以與陸方新人事進行磋商。

當然，正因爲四月份才會正式處理新內閣的人事，三月份進行兩岸的政治溝通是比較恰當的政治時機，此時蔡英文總統心中認爲較適任或屬意的國安會、陸委會正、副首長人選大致已經選定或敲定，在這些人選尚未正式曝光前赴陸進行溝通，比較不會產生「能否入境」的麻煩，也較能不橫生枝節達成政治溝通的效果，應該是比較恰當的作法。

其實，外界很多人相當關心可能的溝通代表人選問題，基本上只要是蔡英文授權的代表大陸應該都可以接受，但最好不宜有重要黨職或幹部人選，民進黨內對兩岸關係能夠正確掌握的政治領袖或幕僚相當的多，有的人還可能進入國安會、陸委會或海基會擔當重任，未來也會扮演較為吃重的兩岸交流或溝通協商的政治角色，蔡英文應該會有正確的判斷與選擇，不會讓溝通人選造成兩岸溝通的麻煩問題。

最後，比較有爭議的是，是公開或私下的溝通？或者是雙軌同時進行？一向堅持公開、透明兩岸協商主張的蔡英文，如何讓外界信任她不會搞黑箱作業的兩岸溝通？公開溝通的方式，對岸可不可能接受？私下溝通對內又要如何交代？也要有個正式的說法！因此，蔡英文必須仔細想清楚上任前兩岸溝通的種種程序與實質問題，做好該做的政治準備，才能發揮眞正的溝通效果。五二〇的總統就職演說內容就是政治驗收的時刻了！

二〇一六、二、十七

5 蔡英文的弦外之音，大陸應該要懂！

孫中山偉不偉大？中華民國的國父是不是孫中山？這段歷史爭議可受公評，也跟所謂的廢除國父遺像的致敬問題扯不上直接的關連，但卻無可避免地在高度政治化的台灣社會產生重要的關連性，也必然會引爆「去中華民國化」的統獨意識爭議，以及維持現狀的政治解讀問題，這就是民進黨執政所必須審慎思考的整體戰略思維層次的問題，牽一髮而動全身。

有人以爲作爲國會最大黨的民進黨，是可以盡情揮灑，推動制憲、正名或「台獨擦邊球」的立法行動，廢除國父遺像的政治崇拜只是餐前小菜，可以開個胃，等到五二〇上台執政之後再端出「台獨大餐」。

難道這就是民進黨執政的主流思維與核心價值嗎？不論選前或選後一直堅持努力維持兩岸現狀，維持台海和平穩定與安全的蔡英文總統也是這樣想嗎？倘若事實果眞如此，那麼民進黨幹嘛大費周章的想把「兩國論」的兩岸協議監督條例草案重新檢討修改，回到中華民國憲政體制既有規範的定位，用「台灣地區與大陸地區」的名稱與內涵來處理兩岸訂定協議的監督處理程序？

顯然，蔡英文的主政思維並不想搞類似台獨擦邊球的政治虛耗，更不願意外界將她未來的執政作爲往台獨方向去做政治解讀，她眞正想要推動的是解決台灣政經社會問題的困境，而不是製造新問題的暴衝施政與民粹立法。經濟民生問題與兩岸關係發展是核心問題，東海、南海與釣魚台爭議問題是美、中戰略平衡的大國遊戲，台灣只能站穩立場希望不要成爲美、中政治與軍事爭端的犧牲品。

因此，處在發號施令的政治領導領袖角色，蔡英文必須盱衡時局審時度勢來主掌全局，在關鍵時刻出面制止黨籍立委個人求表現的政治暴衝，用顧全大局的整體戰略思維政治高度與立院黨團內部溝通機制，來處理內部步調不一的窘境，同時也用黨政平台的協調機制來化解未來內部的歧見。廢除國父遺像等黨籍立委的爭議事件，到此應該告一段落，就如同「出痲疹」的病痛一樣，找到病因迅速對症下藥，用立院黨團溝通機制與黨政平台的制度具體解決病因，讓暴衝的施政與民粹的立法行動納入正常政治軌道運作，讓未來可能的內部政治歧見與爭端能夠有效獲得處理及解決。

大陸當局用「司馬昭之心」來解讀民進黨個別立委的廢除國父遺像修法行動，其實是「言過其實」的政治註解，大可不必對個別立委求表現的行爲，擴大層次無限上綱到蔡英文與民進黨的身上，畢竟，這些個別立委的個人暴衝行徑，只是台灣立法院政治生態求出名、求表現的縮影，只是自己暫時忘記已經從在野變執政的身分轉變，一時無法轉換思維的偏差現象，並非民進黨的核心思維與政治價值就是如此，千萬別因此而錯誤解讀民進黨執政後就會搞文化台獨、和平台獨的政治挑釁。

準備選後與國際、大陸方面好好溝通的蔡英文，也必須展現政治智慧與魄力來解決諸如廢除國父遺像的個別立委提案修法爭議行動，否則將難以取信國際社會與中國大陸，可以做到維持兩岸現狀的政治承諾，那麼誰還敢跟妳的談判協商代表「好好溝通」呢？民進黨作爲已經完全執政的政黨，也必須展現成熟穩重的執政能力，讓外界可以刮目相看信任民進黨的執政作爲，不管在行政或立法部門，都必須有一套整體戰略思維與政治高度的「安全控管機制」來解決政出多門、步調不一的政策輸出與行銷宣傳作爲，否則就會產生到處點火、到處滅火的政治危機，讓民進黨的施政作爲窒礙難行、步步維艱。

某些民進黨立委「自以爲是」、「自扯後腿」的廢除國父遺像政治主張，就是民進黨舊有慣性思維的政治敗筆，徒然引發統獨意識型態的政治論戰與高度爭議的社會分裂危機，是個別立委的政治暴衝與民粹立法的經典案例。民進黨是該好好記取教訓，革除政治陋習，迅速往台灣的主流民意方向靠攏，而不是沉醉在於原有支持群衆的掌聲而忘掉了執政的責任與重擔。蔡英文在民進黨中常會適時的出手，展現執政風範，有效制止了黨籍立委即興演出的政治衝撞，正確的處理了未來黨內溝通與整合政策的政治問題，是相當好的政治示範，相信未來在處理兩岸問題也能如此，應寄以深切的期待及厚望。當然，大陸方面也更應該展現政治格局與心胸，看懂蔡英文的政治努力與善意理性作爲，讓兩岸和平發展的正確道路，不因政黨輪替或個別立委的政治莽撞、暴衝作爲而有所牽連或波及。

二〇一六、二、二十六

6 從王毅「憲法說」看兩岸溝通的政治盲點

正當民進黨打算把隱含「兩國論」政治色彩的「兩岸協議監督條例草案」往現行憲法規範的方向著手修改之際，大陸外交部長、前國台辦主任王毅在美國華府智庫戰略與國際研究中心（CSIS）演講提問回答表示，希望、也期待台灣新的執政者五二〇以後以自己的方式、表明願意依照「他們自己的憲法」繼續推動兩岸關係和平發展；她（指蔡英文）是按照他們的憲政選舉出來的，不能違反憲法規定，其憲法規定，大陸與台灣同屬一個國家，也就是兩岸同屬一個中國。

因為王毅的說法沒有刻意提到「九二共識」，也相當罕見地提到依照「他們自己的憲法」，與大陸國台辦向來所表達的涉台論調略有不同，似乎大陸內部對民進黨準備上台執政的對中政策方向是有所不同的政治判讀與因應策略的可能轉變，引發台灣內部熱烈的討論與各種立場不一的政治解讀，就連民進黨內部也曾對此進行多場會議討論與沙盤推演，媒體報導至少有五種解讀內容與方向，但也只初步獲得最大的共識是，北京對「兩岸同屬一中」的核心內涵不曾動搖。

王毅的說法當然不是美國在台協會台北辦事處前處長包道格所理解的「意味大陸已默許和接受了蔡英文的兩岸政策」，也不可能解讀為大陸方面已經放棄了「九二共識」，或者是可以接受以模糊一中概念的「中華民國憲法」說詞取代「九二共識」，外界不應因為對兩岸關係發展樂觀的期待而賦予過度解讀的政治想像，這是不切實際的自我政治催眠。大陸當局仍然期盼蔡英文在五二〇的就職演說可以展現更大的對中善意來推動兩岸關係的發展，「在中華民國憲政體制下，依循普遍民意，持續推動兩岸關係的和平穩定發展」縱使是隱含「不獨」的政治宣示，但距離大陸所堅持的「兩岸同屬一個中國」的核心意涵仍存有相當大的距離，蔡英文必須有更明確且較為具體的政治表態。

因此，「戰略清晰、戰術靈活」的王毅憲法說，縱使是「有意義政策性試溫」，也不會是「憲法」與「憲政體制」用語與內涵精神的詮釋差別而已。民進黨不用過度樂觀解讀成「中華民國憲法」取代「中華民國憲政體制」，五二〇的就職演說就能安全解套順利過關，而是要真正找到與九二共識趨近價值的政治替代方案。「一中憲法」是雙方可以求同存異的政治基礎與連結點，但如何體現接近「兩岸同屬一中」政治內涵的具體論述或表述內容才是大陸方面可以「聽的進去」的政治妥協方案。

精心設計、有備而來的王毅「自己憲法說」，講給美國人聽，正如前立委郭正亮所言是在「重新界定兩岸現狀，爭奪維持現狀話語權」；講給民進黨聽，是在「以彼之道還治彼身」，讓民進黨不能再逾越中華民國憲法政治紅線，進行任何推動台獨的活動，否則就是破壞兩岸的政治現狀。這是大陸當局「軟中帶硬」，為民進黨全面執政所劃下的政治紅線，是隔海、隔空的政治喊話，接下來就是等蔡英文「選後要與大陸好好溝通」的政治攤牌，鎖定的政治主軸就是九二共識的替代方案，就是兩岸同屬一中核心意涵如何體現的棘手問題。這才是兩岸真槍實彈的政治交手與過招，不會是「憲法」與「憲政體制」的文字遊戲或障眼法，而是蔡英文如何用正確的態度看待兩岸關係發展如何維持現狀的具體作為政治難題。

大陸對蔡英文的可能作法抱有政治期待，但不會抱有幻想，他們深知蔡英文是一流的政治談判專家，不會輕許承諾也不會說變就變，是個相當難纏的政治對手，不會輕易改變政治立場與價值信仰，「是可以談但未必能夠談出結果」、「是可以政治施壓但未必有用」的理性型政治領袖。因此，大陸方面對蔡英文選後好好溝通的可能交手，其實是「既期待但又怕受傷害」的複雜心態，既要展現高度自信的大國風範，又卻是戰戰兢兢充滿不確定性的焦慮感，究竟蔡英文會出什麼樣的政治招術來與大陸溝通、協商？究竟蔡英文如何對接兩岸同屬一中的國、共兩岸政治共同基礎？尤其是蔡英文在不可能接受九二共識的政治前提下，是否願意在「一中」的問題上有更具體明確的政治表述或行動？這些問題充滿許多不確定的因素與變數，大陸的涉台系統此時或許都正在準備各種可能的因應方案，但卻難以捉摸蔡英文的下一步到底會往那個政治方向發展？

兩岸關係發展的高度不確定性，很多問題的根源不只是雙方政治互信不足所致，而是雙方缺乏同理心、換位思考與同步思考的根本問題。王毅的說法爲什麼要引起民進黨內部至少五種不同的政治解讀？難道不是民進黨兩岸幕僚或政治菁英不夠瞭解大陸的政策決策體制所造成？有的解讀甚至還要從大陸內部的鷹派、鴿派或者外交與涉台系統不同單位立場不一的方向加以斟酌，難道還不清楚王毅的說法並沒有調整或改變兩岸同屬一中的根本立場或大政方針，何來大陸內部各唱不同調的解讀考量呢？充其量，也只是「態度比從前較爲善意」的政治表演，講給外國人與國際媒體聽，大陸對台立場完全沒有鬆動的政治跡象。

同樣地，了解蔡英文行事作風的人都清楚，目前這個時間點根本不是要與大陸溝通的時間，她必須做好內部人事安排，包括陸委會、國安會與海基會相關首長確定後，她才會召集這些兩岸主政官員，研討兩岸幕僚所提出的兩岸溝通方案及建議，再決定要與大陸好好溝通的代表人選與議題內容。準備時程約是三月中下旬才有可能完成溝通的整體方案，大陸涉台部門目前根本不需要擔心蔡英文怎麼還沒有派人赴陸進行溝通。就連王毅的「他們自己憲法說」解讀研判都還要忙翻天的民進黨內部，怎麼有可能在如此準備不夠充分、方向未明朗之前倉促與對岸進行溝通呢？

總之，五二〇前的兩岸溝通只是政治開端而已，兩岸主政當局都需要從對方的角度與主客觀環境去正確理解對手的作為、心態以及政治脈動，千萬別操之過急或因為本位主義的作祟，而誤判兩岸情勢發展的可能變化，這是增強雙方政治互信營造新政治氛圍的重要環節，大家都應展現耐心與誠意，好好面對未來兩岸溝通的種種努力，累積好的政治經驗，拋開敵意與偏見重新了解對方、理解對方的政治行動與作為，相信這才是未來兩岸關係發展最重要的政治互信基礎，也才不會因為錯誤解讀對方的善意變成惡意，造成更難加以解決的政治難題與障礙。

二〇一六、三、四

7 習近平含在口中的地動山搖

大陸「兩會」期間的對台政策風向，一直是關心兩岸關係發展動向的重要政治觀察指標。今年的兩會涉台論述內容，雖然沒有出現去年「地動山搖」的強硬政治宣示，卻在反對「台獨」前面加上了「堅決」字眼，並在後面加上了「維護國家主權和領土完整」的表述，習近平總書記在會見上海代表團時表示，「我們將堅決遏制任何形式的台獨分裂行徑，絕不讓國家分裂的歷史悲劇重演」。

顯然，大陸對台政策重心又回到「反獨」重於「促統」局面。只是，透過習近平的特別強調「堅決遏制任何形式的台獨分裂行徑」，似乎意味著大陸方面可以自己定義台獨，可以對「任何形式的台獨分裂行徑」施以各種不同的強度與程度的制裁或打壓，為未來可能進行的「地動山搖」舖陳合理化的基礎及正當性的藉口。

大陸可以自行定義任何形式的台獨分裂行徑，這是什麼樣的政治概念呢？至少就個人理解，可能就連未來的蔡英文總統與西藏達賴喇嘛或海外民運人士碰面，都很可能被解讀爲台獨分裂活動，更不要說以民主及人權的角度，出面聲援香港的佔中運動或魚蛋革命，也可能是必須被對岸「堅決遏制」的台獨挑釁行動。如果事實果眞如此，蔡英文未來又如何「維持現狀」，維持台海和平穩定與安全呢？基此推論，倘若蔡英文在五二〇就任總統時不接受「確保兩岸關係和平發展行穩致遠的九二共識」，或不認同兩岸同屬一個中國的核心意涵，兩岸現狀的共同政治基礎被加以動搖，是否也等同於「任何形式的台獨分裂行徑」？兩岸關係發展就必須倒退到二〇〇八或一九九六年之前的局面呢？抑或情況還不止於此，大陸還會有更多「任何形式」的政治打壓與制裁行動呢？

大陸當局擴大對台獨的政治定義，或許可以短暫獲得台灣內部政治活動的自我克制，卻可能造成兩岸政治距離愈拉愈遠的疏離反效果，對其所一再對外宣稱的「兩岸關係和平發展」、「兩岸一家親」與「兩岸命運共同體」的建構形成相當嚴重的打擊，更對五二〇前的兩岸「好好溝通」政治氛圍造成不利的負面影響，讓蔡英文原本可以往中間靠攏的友善對中政策「形塑過程」遭受更多內部的牽制及質疑，這是大陸領導當局與涉台系統必須深思檢討的對台思維與策略，千萬不要因爲過度強化的「政治正確」，把台灣的民心向背推向更不可測的遙遠距離，讓兩岸關係發展走向因此「極端化」！

在今（二〇一六）年二月二十三日到二十七日到大陸北京與上海造訪涉台機構與智庫的「台北論壇基金會」，日前公布了他們的訪問報告。個人比較關心的是報告內容提到：「一位權威的涉台官員指出，希望民進黨從台獨路上回頭，要『去去中國化』，而非更強化台獨意識，如果兩岸關係只有鬥、拖、和三條路的話，在五二〇後將只剩下鬥與和兩條路，而不同的道路選擇就有不同的後果。被問到兩岸渠道時，他強調兩岸現在彼此訊息很清楚，有沒有渠道不重要。至於訊息內容，定位問題是關鍵，核心仍是承認兩岸同屬一中，而且訊息本身不應只是帶有不確性的負面表述，必須正面表述一中」、「某權威學者指出，台海問題的重要性超過東海、南海，甚至朝鮮半島問題。令多位國際關係學者同時感到憂心的是，在三海連動的背景下，蔡女士就職後的新政府是否可能成爲美國製造新問題的棋子（就像烏克蘭之於俄羅斯），不論是推動獨立，在教育上繼續去中國化，還是在南海議題上配合美國戰略，放棄U型線等等。……這是目前中國大陸從政府到民間十分憂心的問題。台海議題成爲中國大陸與美國之間是否爆發衝突的試金石？若台灣過度向美國與日本傾斜，台灣情勢同時牽動南海與東海，可能使中國大陸與美國的關心越過衝突的臨界點。」

其實，這份報告的上述內容重點訊息，大致可以歸納成下列幾點加以解讀：

一、蔡英文與民進黨方面目前與北京當局並沒有溝通的管道，至少是沒有有效的溝通管道。

二、未來兩岸溝通的關鍵是兩岸定位問題，必須承認兩岸同屬一中才能進行溝通，是為選後的兩岸溝通預設政治前提，必須正面表述一中。

三、蔡英文政府如果沒有有效解決內部「去中國化」的強化台獨意識問題，五二〇以後的兩岸關係發展只有剩下「鬥」的道路選擇。

四、大陸方面相當擔心蔡英文可能過度向美國與日本傾斜，台海議題可能成為三海連動的政治衝突關鍵點，可能引爆中、美衝突或戰爭危機，而責任歸咎則指向台灣。

從台北論壇基金會報告中引述大陸涉台系統權威官員的說法來看，蔡英文與民進黨截至目前為止，應該還沒有與北京當局進行有效的溝通，至於有沒有溝通管道則是見仁見智，此從前美國在台協會台北辦事處處長包道格日前接受中評社專訪時表示：「蔡英文和民進黨人想讓人們相信他們有與大陸有效的溝通管道，但現在那似乎不太像是真的。」可以獲得印證，縱使雙方有所謂的溝通管道，但目前應該是尚未達成有效的溝通。更何況，以目前蔡英文內部所設定的溝通時程來看，時間還未到，而且倘若兩岸要進行溝通還有預設政治前提，必須先承認兩岸同屬一中才能進行溝通，則蔡英文根本不可能接受這種「投降方式的溝通」，她更可寧願選擇不溝通。因此，大陸當局應該對外澄清說明是否有預設溝通的前提要件，否則恐怕會引起外界不必要的政治解讀或誤判！

再者，近一年來，蔡英文是以相當負責任的穩健態度來務實處理民進黨的對中政策內容與方向，維持現狀與在中華民國憲政體制下推動兩岸關係發展的政治承諾與作爲，無不體現在民進黨的各種政治與政策表現上，有關「去中國化」的說法更是扣新政府帽子，因爲課綱問題不是民進黨政府要處理的項目，結果卻要蔡英文負責。此外，高志鵬立委重提廢國父遺像的舊案，蔡英文也以戰略高度的整體思維理由，有效加以制止，就連「兩國論」的兩岸協議監督條例草案的處理，民進黨中央及立院黨團都已經將法案名稱配合憲法而做修改，何來「去中國化」的台獨意識強化問題？大陸涉台系統應該轉換新思維，理性看待民進黨的務實轉變，切莫再用以前的舊思維來理解或過度解讀今日已經蛻變重生的民進黨。

同樣地，蔡英文在美、日、中與台灣關係的處理上是相當冷靜、理性與務實，最忌諱因爲向哪邊過度傾斜而造成失衡結果，導致不可測的危機與變數產生。台海議題根本不會引發三海連動的衝突，也沒有那麼大的政治本事可以成爲中、美戰爭的政治導火線，大陸的國際問題或涉台系統專家或許可能杞人憂天過度解讀台海問題，也可能錯誤理解蔡英文的政治立場與行事作風，才會把大陸自己必須面對的美、中問題加諸在台海問題與民進黨的身上，這是相當嚴重的政治誤判。

兩岸關係情勢發展的確難以樂觀期待，畢竟，兩岸的主客觀環境與政治思維、政治互信還有很大的差異，習近平沒有說出口的「地動山搖」，轉換成「堅決遏制任何形式的台獨分裂行徑」的說法，造成大陸可以自己定義台獨的政治風險，再加上大陸涉台系統可能以承認一中作爲兩岸溝通的政治前提，對台灣內部，以及即將上任的蔡英文政府形成「難以承受的政治壓力」，對五二〇前的兩岸溝通政治氛圍投下新的政治變數，難道這是大陸領導當局所樂意見到的結果與發展嗎？難道不知道這是把兩岸可能推向「對撞」，讓蔡英文與習近平兩位政治領導人眞的可能直接攤牌，造成對決的雙輸結果嗎？

二〇一六、三、九

8 誰在製造兩岸溝通的政治障礙？

美國智庫學者葛萊儀、卜睿哲、容安瀾等人來台先後拜訪民進黨、陸委會、遠景基金會等重要單位，中央社報導他們與遠景基金會的會議內容表示，「蔡英文五二〇就職演說若參考大陸外交部長王毅在華府提出的憲法說，將是北京可接受的方式。」

對此，民進黨發言人阮昭雄表示，葛萊儀針對媒體報導內容曾立即發送電郵給民進黨，表示他們非常失望台灣方面參與的學者刻意扭曲他們的談話，這樣的內容並不正確，還特別強調「沒有任何一位美方學者提到，蔡英文總統當選人的就職演說或不該談甚麼。」

顯然，會發生這段政治插曲的緣由，是美方此次來訪的學者不願意讓外界誤以為他們此行是來對蔡英文下政治指導棋，造成美國直接干預台灣內政的錯誤印象，不僅對蔡英文不夠尊重，同時也可能因此對未來即將進行的兩岸溝通產生不當的政治聯結與負面影響。因此，他們必須立即對外澄清錯誤的報導或謠傳內容，以免造成台灣內部的政治困擾以及衍生的政治效應。

誠如民進黨大老謝長廷所言，他認爲台灣總統：一、會遵守憲法體制，二、政治上當然要尊重台灣的民意基礎，至於文字如何表達，現在總統當選人蔡英文國內外資訊應該比較多，會綜合民意、國內外意見，做很好的處理，因此不適合在這裡講東講西。

民進黨目前內部正在處理兩岸協議監督條例草案的政策整合版本，以及內閣人事的政治徵詢與安排，大家不會在此時對蔡英文的五二〇就職演說涉及兩岸政策敏感的政治問題表達個人的看法與建議方向，因爲他們都相當瞭解蔡英文的行事作風是「謀定而後動」，是按部就班處理完該處理的問題後，才會對最爲棘手的兩岸政策方向與兩岸溝通問題進行徵詢意見與沙盤推演，此時只是蒐集內外資訊與兩岸幕僚準備作業階段，不會倉促拋出任何試探性意味濃厚的政治風向球，造成外界可能的錯誤解讀，並弄亂了蔡英文所打算進行兩岸溝通的政治布局及脈動。

葛萊儀等美國智庫學者與蔡英文會面的溝通內容，或許有談到王毅憲法說的看法，或許對大陸兩會對台政治講話的定調方向與內容有其剖析解讀的看法，對蔡英文而言就只是台、美溝通的一個政治環節，是形成決策的部份「參考意見」，未必就能因此影響蔡英文對兩岸關係發展的判斷與決策，實在不需要加入遠景基金會與談的台灣學者專家「或有政治意圖及刻意操作」的二手傳播，攪亂了台、美溝通的政治春水。

其實王毅「憲法說」只是提供民進黨主政者蔡英文尋求兩岸僵局解套的政治思維可行方案，其政治重點有兩部份，一是「表明願意依照他們自己的憲法，以自己的方式推動兩岸關係和平發展」，二是「表明依其憲法規定，大陸與台灣同屬一個國家，也就是兩岸同屬一個中國」，兩者缺一不可。然而，台灣的媒體與部份學者卻只側重強調前半部甚至導向「九二共識」已經消失不見的錯誤解讀，而刻意忽略了後半部的政治重點，讓外界誤以為只要民進黨回到中華民國憲法的「模糊一中」概念與論述，便能讓大陸認可接受，願意繼續「維持現狀」推動兩岸關係的和平發展。

正因為台灣內部有此錯誤解讀，扭曲了王毅所想表達的政治意涵，隨後大陸召開的「兩會」期間，大陸的領導當局與涉台系統負責人才會不斷強調「九二共識」與「兩岸同屬一中」的政治立場，並採取緊縮的嚴正態度表達「不接受」就是改變兩岸關係和平發展和台海和平穩定的現狀！其結果，就導致原本選後兩岸要好好溝通、雙方所已刻意營造的善意政治氛圍，產生急轉直下的政治變化，讓兩岸關係發展的政治情勢又退回火車可能對撞或冷和平的對立僵局境地。

這就是政治解讀錯誤或誤判情勢所造成的政治後果，如今，中央社引述部份別有用心的本地學者轉述內容且刻意報導，又「斷章取義」美國來訪學者的談話內容與王毅憲法說的政治效果，既想造成民進黨的政治誤判，又想藉此造成「美國對蔡英文政治施壓」的外界印象，讓民進黨未來即將與大陸好好溝通的情況「橫生枝節」或產生「變數與障礙」，眞可說是「司馬昭之心，衆人皆知」！

事實擺明馬政府是不願意看到蔡英文及民進黨與大陸方面進行有效的政治溝通，更不願意樂見即將上台主政的蔡英文政府可以處理好兩岸事務、可以讓兩岸維持現狀穩定發展，此從「半官方」的中央社與遠景基金會此次的誤導視聽政治操作情形可見一斑，幸好葛萊儀等美方智庫學者與民進黨並沒有中計誤入陷阱，立即以明快的方式加以回應澄清，以正視聽。

大陸當局應該也看得出來到底誰在破壞兩岸溝通？誰在到處破壞兩岸現狀與台海和平穩定？看清事實情況後，大陸當局是該適時伸出橄欖枝，發揮善意與包容力，理性且務實處理與蔡英文準備進行的政治溝通，雙方以同理心看待彼此的政治環境及民意走向，找到雙方可以對接退讓的政治可行方案，讓兩岸關係發展不會倒退及逆轉，讓兩岸人民都能在和平的軌道上繼續往來互動與交流。

二〇一六、三、十七

9 肯亞遣返事件的兩岸關係影響與平息之道！

強制遣返涉嫌肯亞電信詐騙而遭涉嫌拘押的台灣民眾，激發台灣朝野不分黨派同仇敵慨的情緒，紛紛要求馬政府該硬起來對中國大陸表達不滿的譴責，怪罪九二共識一中原則的說法甚囂塵上，也有從司法人權與管轄權的角度討論此事件的法律爭議。究竟對此政治爭議事件該如何看待與處理？其實應該從更長遠的兩岸關係發展，來正確面對未來類似意外事件的正當處理程序，以免因爲雙方民眾的政治情緒過度反應，造成更多難以挽回的政治傷害與裂痕，破壞了兩岸關係的正常發展。

首先，這是一個能否將心比心的同理心問題，從加害人與被害人各自角度來看，兩岸雙方都必須考量對方的立場以尊重的態度來處理彼此的國情、文化、社會環境習慣與法律制度的差異，事前應該有「照會」的正式告知程序，事後則要處理司法競合、司法互助、共同打擊犯罪、人道探視、人權保障與正當法律程序的基本問題，千萬不要用有沒有九二共識的共識基礎及政治互信的問題，來考量這些犯罪嫌疑人的司法待遇程度差別，否則就很容易造成惡性循環、彼此報復，傷及兩岸人民的情感與基本人權。

畢竟，以目前兩岸共同打擊犯罪及司法互助協議規定，從協助偵查、人員遣返、調查取證與人道探視都有相關的規定可以處理問題並解決爭議，兩岸雙方應該在此合議的程序中找到合乎彼此法律規範的正當程序來正確操作，不應該動輒訴諸政治情緒加油添醋，讓雙方的對抗情勢加溫加熱。

其次，應該要避免泛政治化的操弄，動輒無限上綱爲紅藍綠政治問題，或兩岸彼此的文明程度、價值觀與政治信仰問題，否則，便很可能治絲益棼讓問題複雜化，甚至變成國家認同與統獨問題的政治爭議，反而傷害更多的無辜百姓。馬英九總統認爲陸方強行帶走我國國民，未事先通知我方，有違程序正義，政府已向陸方嚴正抗議，並要求陸方儘速放人。顯然，馬總統故意忽略有兩岸共同打擊犯罪及司法互助協議規定的正常處理程序，刻意偏向政治民粹的方向來激化兩岸的對抗情緒，意圖讓即將執政的民進黨陷入進退兩難的處理困境，甚至藉此造成蔡英文的五二〇就職演說往兩岸對立的方向與氛圍發展。此從蔡英文以臉書方式表達北京當局無權代表我方處理涉及台灣人民的遣送事宜，更不應以強制手段將台灣人民押送中國，還呼籲北京當局應立即與台灣協商，並釋放遭到關押的台灣人民的立場可知。馬總統的提油灌火政治陷阱，的確已經讓蔡英文的處理因應方向產生偏差，容易因此衍生兩岸關係發展遭受更多的傷害與波及，不利於未來兩岸維持現狀的政治和解操作氛圍。

再來，兩岸應該強化雙方的司法交流與合作，一方面可以讓彼此更加了解並掌握兩岸法律制度的同異之處，較容易理解對方爲什麼會如此處理司法案件，也能透過各自的法令宣導讓雙方人民在往來交流過程，避免誤觸法網或任意曲解對方的法律制度及秩序，另一方面則可以增強雙方的信任基礎，拉近彼此的政治距離與認同感，加速兩岸的融合。

再者，應該以人爲本、強化兩岸的政治互信與共識基礎，不因黨派的立場差異或政治主張的歧見，導致兩岸關係正常化的差別待遇或隔閡歧視，以免製造更多的政治仇恨或敵意，讓雙方的無辜民眾未蒙其利先受其害，形成無法挽回的兩岸傷害或歷史悲劇一再重演，重創兩岸關係的和平發展大局。

最後，則是兩岸主政者的政治態度問題，這類事件原本就是預期外的政治突發事件，誰都不希望發生，也不願意被過度解讀其背後有其他不爲人知的政治因素在作祟。既然兩岸有政治熱線的溝通管道就不能虛設或敷衍應付，想接通才接通，不想接通就以技術理由予以杯葛或擱置，傷害兩岸好不容易建立起來的互信基礎與溝通管道。所以，未來縱使兩岸關係因爲政治的變動或政黨的輪替，兩岸政治情勢有所變化，也不該讓這條兩岸事務性的溝通管道，因爲情勢變更而突然斷線，讓兩岸關係回到冷戰時期的政治黑暗期，增添任何敵意螺旋無限升高的政治對抗僵局。

當然，或許這一次的肯亞遣返事件是有其背後的政治因素所造成，但台灣方面也不必刻意引導民衆的政治民粹與反彈情緒往「反中」的方向發展，或者造成對九二共識與一中各表原則的政治反諷，讓兩岸關係的和平發展局面產生失控的現象與結果。畢竟，處在台灣內部政權即將更替的政權過渡交接期，政局最不穩定，社會動盪情緒一觸即發，任何過度操作或解讀的政治催化，不僅容易造成兩岸關係急速逆轉的變化與發展，更會增添即將執政的民進黨與蔡英文過多負荷的政治壓力，恐怕對兩岸關係的未來發展造成更難加以回復的政治衝擊與影響。

從大陸當局的政治角度來看，應該也不樂見此事件造成兩岸人民的誤解與傷害，也不希望被外界解讀成是給台灣或蔡英文穿小鞋的政治印象。因此，爲了兩岸該有的政治和諧，爲了兩岸現有的政治互信基礎與共識，大陸當局更應展現政治包容與同理心的立場與態度，不論該事件案情已經掌握到何種進度，應立即邀請台灣的政府部門與涉嫌人家屬到大陸進行人道關懷與探視，當然也應該以兩岸司法互助協議第十二項人道探視的規定「依己方規定爲家屬探視提供便利」，進行最大程度的律見或家屬探視，以杜外界攸攸之口，這才是正確處理此事件的該有方法與途徑；否則，一旦時間越拖越長，台灣民眾群情激憤的情緒愈燒愈烈，對兩岸關係發展的長遠傷害已經造成，恐怕就是兩岸彼此雙輸的兩敗俱傷結果了！豈能不慎哉？

二〇一六、四、十五

10 五二〇政治起手式能解兩岸僵局嗎？

兩岸關係發展隨著五二〇的時間逼近引發各界的政治揣測，蔡英文有沒有按照選前的政治承諾，派人登陸與大陸好好溝通？美國的現任與前任官員及各方智庫學者的兩岸穿梭，到底是否發揮了有效溝通的政治傳話功能？大陸方面又如何看待蔡英文即將面臨攤牌的新兩岸政治主張與論述？大家都正竭盡所能想瞭解掌握這個影響兩岸關係政治轉折變化的五二〇就職演說內容與方向，為這個歷史性的政治時刻下個註腳。

兩岸關係走到今天這個地步，可以說是面臨進退兩難的政治僵局與困境。馬政府八年來的作為的確對兩岸和平發展大局穩住了政治局面，兩岸的政治煙硝味淡了，政治敵對僵局也減輕了不少，只是兩岸頻繁互動與交流的結果也產生了不少問題。買辦政治陰影揮之不去，政商權貴的特殊壟斷利益，造成外界嚴重的質疑及批評，讓兩岸密切往來的經濟榮景蒙上不少政治隱憂，最後演變成太陽花運動的政治衝擊與變動，兩岸關係發展是進或退只能在十字路口徘徊擺盪，兩岸服貿與貨貿協議的政治前景從此陷入混沌未明的不可知結果，有人感到焦慮憂心，有人大聲叫好，兩岸關係早已步上「冷和平」的政治境地，大陸對台政策也因爲如此與民進黨政府即將上台，轉而採取保守以對的觀望態度，直接對蔡英文的五二〇就職演說內容與方向直接表達難以模糊的戰略清晰政治立場，必須就兩岸同屬一中的核心內涵正式表態，徹底壓縮了兩岸政治協商與談判的彈性空間。

國際經貿談判經驗相當豐富的蔡英文，向來以沈著冷靜、理性聰慧著稱，最不願意也最不喜歡談判對手這種一翻兩瞪眼的直接攤牌談判模式，也不願意看到兩岸關係發展的政治命運，必須繫諸在一個就職演說的政治論述就要下定論的情形。因此，就選後要好好溝通的政治立場上她似乎已經改變想法，選擇消極以對，就五二〇的就職演說內容可能也朝向以維持現狀的政治主軸加以處理，不願意再往前邁進任何一步！

看起來，大陸當局應該不會接受蔡英文原地打轉的政治定調，也不會給看起來似乎還沒準備好溝通的蔡英文有好的臉色看，兩岸關係發展即將急速冷卻，兩岸和平發展的維持現狀大局也可能產生政治翻轉局面，雙方也都正在爲是誰破壞兩岸和平穩定現狀尋找政治理由與藉口，好爲五二〇後的政治變局找個宣洩的對象與出口。

兩岸關係發展就一定要處於如此讓無可讓的對立僵局嗎？難道蔡英文眞的要承擔兩岸關係倒退所產生的負面影響嗎？難道大陸當局就沒有彈性且務實處理的餘地嗎？何苦眼睜睜看著兩岸關係發展再度走入政治黑暗期，造成兩岸人民情感與利益的政治傷害呢？

蔡英文與中國大陸都有無法迴避的共同責任來維持兩岸現狀，唯有各退一步、各讓一步處理目前即將火車對撞的兩岸政治僵局，才是大家願意樂見的政治結果。這不是誰該被指責破壞兩岸現狀的政治卸責問題，而是兩岸領導人必須敞開心胸、開誠佈公並展現政治智慧與格局的歷史性一刻，共同努力打開政治對立僵局，讓兩岸關係發展回到相向而行但不會對撞的正常軌道中加以運行，這才是兩岸該有的發展與結局。

蔡英文的就職演說是該正確且適當處理「一中問題」，大陸方面也應該有所彈性與務實來看待，蔡英文在台灣普遍民意的政治基礎之下能調整的政治空間並不太多，只能在中華民國的憲法或憲政基礎上作兩岸特殊關係的處理，無法明確對一中或兩岸政治定位作更多的善意回應，這是台灣目前的政治現實客觀環境所能作的宣示，大陸不應該以爲用可以要的更多的心態，來逼迫蔡英文要讓的更多，這才是雙方可能達成的相互諒解結果，不可能一步到位，也不可能把兩岸關係的根本問題作一次性的處理及了結！

兩岸關係發展不是政治零和遊戲，也不該是誰輸誰贏的政治宿命與結果，五二〇的就職演說只是民共政治互信積累的新開端，往後還有數不清的兩岸事務與工作必須加以面對處理及解決，雙方執政當局是該放下政治對立心態好好搭起可以有效溝通的政治橋樑。蔡英文新總統也該重新理解大陸領導人的戰略決心與意志，展現積極處理一中問題的善意與誠意，而大陸領導當局也該清楚理解台灣目前的民意走向與政治氛圍，根本沒有兩岸同屬一中的政治認同感，只能在既有憲政基礎與兩岸相關法令上對一中問題作模糊的表態及論述，倘若雙方都願意在此換位思考的情況下來替對方著想，來解決彼此所面臨的政治障礙與問題，則我們相信兩岸關係發展就能有更多正向前進的政治結果產生。

二〇一六、四、二十五

11 兩岸應開創「和而不鬥」、「合則兩利」的政治新局

兩岸關係發展正面臨相當具關鍵性的政治轉折變化，雙方主政者都因爲各種來自內外不同因素的政治問題，承受著比以往更多沉重的壓力與包袱，如今都走到難以退讓且必須直接攤牌的兩難困境，讓雙方原本可以模糊處理的政治彈性迂迴空間受到嚴重的擠壓。「一中問題」成爲無法迴避的政治爭議難題，蔡英文的五二〇就職演說內容是否能夠在維持現狀的政治基礎上，往更具體明確的「兩岸政治定位關係」邁進一步？習近平能否理解並忍受或接受蔡英文的就職演說內容，爲兩岸和平發展大局開創承先啓後的歷史新局？這的確是一場相當艱鉅的政治戰役與挑戰，即使我們不敢有過度樂觀的政治期待與幻想，但是也不能只是用悲觀或消極的政治態度來看待這個歷史性的政治轉折變化。

蔡英文的「維持台海和平現狀」與「在中華民國憲政體制下，遵循普遍民意與民主原則推動兩岸關係發展」的論述主張，無論就民進黨內的政治情勢變化與對中政策的演變發展方

向而言，或者是對台灣內部多元社會政治主張的平衡與整合來看，就是一個具尊重、包容與兼容並蓄特質的「台灣共識」，其核心意涵是隱含有實質不獨的政治價值，與模糊一中的政治概念。當然，蔡英文的主張不夠具體明確，也無法滿足大陸當局所堅持的「兩岸同屬一中」核心意涵，容易引發大陸涉台系統的質疑與批評；因為從大陸方面的立場來看是堅守戰略清晰的一中原則與框架，難以接受蔡英文似有若無的戰略模糊論述方式與內容，這是雙方政治認知不同的根本性差異之處。但大陸方面也應該清楚理解兩岸目前的政治氛圍與時機條件，難道眞的已經成熟到可以處理兩岸的政治定位關係嗎？尤其是，目前兩岸事務性交流確實遇到了一些政治瓶頸，兩岸兩會協商程序與制度也面臨必須檢討反省並調整的通盤考慮之際，在民、共關係政治互信相當薄弱的情況下，兩岸關係的發展更不該擔負過重的政治壓力與任務而傷害到兩岸人民的共同情感，引發更多難以解決的政治爭議與衝擊。

正因為大陸當局的政治認知現狀與台灣內部的普遍民意存在著相當程度的政治落差，兩岸關係發展就只能在「穩中求進」的策略思維中繼續互動往來、交流合作並累積善意與互信的基礎，才有和平發展與漸進融合的機會。因此，我們更加希望兩岸當局都該以政治善意、誠意與耐心，來理性務實處理雙方交流往來所產生的問題與挑戰，千萬不要動輒用以強欺弱或鼓動政治民粹的手法製造政治衝突與危機，讓類似肯亞遣返事件與比利時布魯塞爾

ＯＥＣＤ鋼鐵委員會議上，驅趕台灣代表離開會場的事故再度重演，讓雙方原本薄弱的政治互信關係更形脆弱，造成更多破壞兩岸和平發展大局的政治障礙與隱憂。

無論蔡英文的五二〇就職演說內容是什麼，她不會明白表述接受或承認九二共識歷史事實、承認兩岸同屬一中的核心意涵，這是大家可以清楚知道的政治事實，但基於客觀的政治現實情況下，她是否會有更積極展現誠意與善意的可行「替代方案」出現？大陸方面是否可能諒解或理解尊重蔡英文的新論述內容？這是大家比較關心的政治問題。對蔡英文的演說內容，個人認為應該會有比較正面且樂觀的期待產生，畢竟兩岸關係和平發展的政治成果有目共睹，破壞兩岸和平穩定的政治現狀之後，要想再修補已經破裂的政治互信關係是要花費數倍的政治力氣才有機會挽回局面，不是想補就能補，就能把破裂的政治傷痕加以弭平。

但不論如何，站在台灣的立場，站在兩岸關係發展的大局來看，給蔡英文更多的時間與空間去調整修正民進黨的對中政策方向，就是給台灣內部更多的善意與誠意，來化解雙方的政治隔閡與歧見機會，就是給兩岸關係發展注入更積極開放的正面政治能量與活水。五二〇就職演說只是一個時間、一個過程，一個短暫的政治和解新起點，未來的兩岸關係發展應該是一個逐步拉近雙方政治距離並建構「同理心」的政治社會相互融合的發展契機，千萬不要因為單方面的過度政治期待、負荷或施壓而造成兩岸人民相互認同感的疏離與衝突。

當然，從目前大陸當局所堅持的政治立場來看，是不會也不容易接受或認可蔡英文維持現狀為主軸的五二〇就職演說內容，但是否因此就要直接攤牌，不對蔡英文抱有任何的政治期待？或者對台灣進行中止兩岸兩會協商、降低兩岸觀光交流的人數，或推動「雪崩式斷交」的封殺台灣國際生存空間政治作為？主動權是在大陸這一方，但其所可能引發的兩岸政治衝擊與兩岸關係發展的停頓及傷害，甚至把台灣從此推向美、日的政治懷抱，是大陸當局必須慎重考量、評估的政治風險，必須以更冷靜、理性且負責的政治態度來加以評估考量。

政治最忌諱極端化發展，脆弱的兩岸政治互信關係，不該因為個別政治突發或意外事件而動輒催化為雙方民粹情緒的政治對抗，否則一發不可收拾，就可能導致政治敵意螺旋無限上升，出現各種相互敵對對抗的極端化政治事端，讓兩岸關係和平發展大局產生難以回復的破壞及傷害，最後導致彼此互相傷害的歷史殷鑑都可能再度重現眼前，讓那些準備坐收漁翁之利且正虎視眈眈的各國勢力上下其手，這是兩岸當局與主政者必須時時刻刻牢記在心的政治教訓與警覺，千萬不要逞一時之快做出錯誤的判斷與決定，讓兩岸陷入萬劫不復的政治境地！

兩岸關係就是共同中華文化與歷史淵源的緊密政治關係，兩岸人民有共同的情感與無法割捨的血源關係，合則兩利，分則兩害。兩岸未來政治關係的定位與處理必須在相互理解與尊重的政治前提下加以進行，不是「己所不欲強施以人」。因此，兩岸主政當局更應該爲對方創造一個可以自然融合對接的政治發展空間與機會，而不該演變成波濤洶湧或地動山搖，甚至是兵戎相見、相互傷害的政治撕裂結果，這是雙方共同該負起的責任與義務。

二〇一六、五、十六

第六章

執政後風起雲湧的兩岸新變局

民進黨該好好處理與中國大陸對一中問題的政治歧見與爭議，也要誠實面對執政基礎：維持現狀、三大黨綱及決議文的兩岸關係發展根本問題。這是民進黨政府應該負起的政治責任，同時更是蔡英文總統能否穩定執政的重要關鍵問題。

1 五二〇演說的政治善意 大陸應理性解讀

蔡英文的五二〇就職演說以「現在的民主是不同價值觀的對話」做爲結論，對未來的兩岸關係下了政治註解，希望成爲建構區域和平與集體安全的重要一環，台灣也要成爲一個「和平的積極溝通者」；她強調，台灣將和相關各方，建立常態、緊密的溝通機制，隨時交換意見，防止誤判，建立互信，有效解決爭議，而且謹守和平原則、利益共享原則來處理相關的爭議。她表示，「我依照中華民國憲法當選總統，我有責任捍衛中華民國的主權和領土，對於東海及南海問題，我們主張應擱置爭議、共同開發；兩岸之間的對話與溝通，我們也將努力維持現有的機制。一九九二年兩岸兩會秉持相互諒解、求同存異的政治思維，進行溝通協商，達成若干的共同認知與諒解，我尊重這個歷史事實；九二年之後，二十多年來雙方交流、協商所累積形成的現狀與成果，兩岸都應共同珍惜與維護，並在這個既有的事實與政治基礎上，持續推動兩岸關係和平穩定發展。」

蔡英文更強調，「新政府會依據中華民國憲法、兩岸人民關係條例及其他相關的法律，處理兩岸事務」。事實上，蔡上述兩岸關係演說的內容主軸符合台灣社會各界的最大公約數，也向對岸展現最大的彈性與善意，既符合國際社會對兩岸關係和平穩定的期待，也守住主權與民主的基本底線。另外，在區域發展議題上，蔡總統亦表示，願意和對岸就共同參與區域發展的相關議題，坦誠交換意見，尋求相互之間可以合作與協力的各種可能性。顯然，蔡英文除了維持兩岸現狀願意與大陸共同努力外，也希望未來兩岸關係的發展，可以擴展到共同參與區域發展的合作發展上。

誠然，兩岸兩岸關係和平發展大局是得來不易的政治基礎，不應該因爲台灣內部的政黨輪替而產生動搖或翻轉，蔡英文的五二〇就職演說是個政治機會，也是新政治挑戰的開始，應該把握住兩岸互動往來合作的良善政治氛圍，創造繼往開來的政治契機，找到雙方可以求同存異、相互諒解的政治替代方案，共同解開兩岸政治對立的僵局或障礙，或許雙方都應換位思考、各讓一步，尋求可以對接的政治妥協主張，讓兩岸關係發展可以爲繼，千萬不要因爲各自的政治民粹情緒而導致兩岸政治現狀的破壞，造成更難收拾且難以挽回的政治局面。

事實上，以目前兩岸雙方的政治認同落差與政治價值觀的分歧，要想一步到位解決民、共之間的政治互信關係與歧見，絕對是不容易處理的政治難題，所謂九二共識與一中問題的國、共共同政治基礎也很難獲得民進黨的認可，這是兩岸主政當局必須理解並掌握的當前政治現狀，既難有政治期待，也不用有過度樂觀的幻想。因此，如何用同理心來看待雙方彼此的政治困境？尋求雙方可以各自解套的過渡替代方案，讓兩岸關係不會發生政治意外與翻轉局面？應該是五二〇後雙方必須努力處理的政治轉寰空間，而非以各自的普遍民意壓迫對方只能就範或屈從。

蔡英文雖然以尊重九二會談歷史事實來處理的九二共識與一中原則，大陸可能無法認同與接受雙方的差距，甚至會直接逼問蔡的同異事實內容究竟有何所指。但是否可以將此相關的政治爭議作爲未來兩岸協商的主題與內容，讓雙方都有更加周延妥善處理的時間與空間？這是兩岸主政者應該展現的政治智慧與雅量，或許才是比較恰當的政治解套方法。

再兩個月左右民進黨全代會就要召開，民進黨是該展現政治風範，好好處理兩岸關係發展的執政障礙，凍獨是個政治選項，通過中華民國決議文也是可能的方法，或者提出兩岸和平發展政治綱領也應該是可以考慮的政治方向，這對民進黨政府能否穩定台海和平現狀，全力拼經濟的執政目標，絕對有其正面的積極性幫助。

同樣的，大陸當局也該有大國風範，可以從兩岸的城市交流、智庫交流與人才交流方面創造拉近民、共政治距離，積累雙方政治互信基礎的方向，去化解彼此的政治落差及歧見，爲兩岸建立共識營造更加包容、尊重的主客觀環境與良善政治氛圍，這才是兩岸兄弟關係該有的政治發展氣度與格局。倘若如此作爲，又何愁兩岸關係沒有水到渠成的融合機會呢？

這就是兩岸主政當局該有的政治心態與思維。五二〇的就職演說或許不盡如人意，也沒有完全對接大陸想要的認同兩岸同屬一中的核心意涵，但卻是個很好的政治開端，是需要雙方在相互理解與尊重的前提下來處理民、共關係的可能發展與變局，最要避免的是政治極端化的解讀，造成兩岸關係發展難以爲繼的後果。

二〇一六、五、二〇

2 兩岸關係繼往開來的政治基礎需要共同創造

隨著蔡英文五二〇總統就職演說被大陸定調為「未完成的答卷」，緊接著大陸國台辦與海協會紛紛表達只有確認堅持「九二共識」這一體現一個中國的共同政治基礎，國台辦與陸委會聯繫溝通機制、以及海協會與海基會的授權協商和聯繫機制才能得以延續，兩岸關係發展正式進入瞎子摸象的冷和平政治黑暗期。

國台辦主任張志軍更在日前會見台灣工商團體秘書長聯誼會參訪團時指出，二年來兩岸關係發展歷程表明，堅持體現一個中國原則的共同政治基礎，兩岸關係就能穩定發展、台海形勢就能和平安寧，兩岸民眾就能得到實惠，若背離一個中國原則，兩岸關係和台海局勢則會緊張動盪。對此，台灣新上任的陸委會副主委兼發言人邱垂正主持首次例行記者會時，面對媒體不斷追問兩岸溝通何以為繼，說了二十四次「溝通」，強調陸委會將持續敞開兩岸對話大門，化解對岸的疑慮和誤解，並在回應媒體所問「兩岸是什麼關係」時，明確回答「兩岸關係就是兩岸關係」，充分展現台灣方面政府單位理性自制的善意與務實，不願意因為口舌之爭，因而造成兩岸關係發展的更加惡化局面。

事實上，缺乏政治互信基礎的兩岸主政當局，的確需要一段政治轉折磨合的適應期，雙方都需要誠實面對目前的兩岸主客觀環境與冷和平的新政治情勢現狀，逐步釋放善意以消弭敵意，積累互信以解決對立障礙。因此，雙方都應該放下彼此的政治成見，以人為本、換位思考，共同珍惜兩岸關係發展得之不易的成果，共同努力尋找維持台海和平穩定的共同政治基礎；九二共識與一中原則是中國大陸所堅持的「定海神針」，民進黨新政府雖然難以接受該政治主張，但也秉持求同存異與相互諒解的精神予以理解及尊重，希望在中華民國憲法、兩岸人民關係條例與其他相關的法律規定下，繼續推動兩岸事務的協商與發展。大陸方面縱使不滿意民進黨這種「擦邊球」的政治善意說詞，也該充分理解，這是蔡英文新政府遵循目前台灣普遍民意與民主原則可以退讓的最大政治底線，繼續施壓蔡英文，要其承認九二共識或認同兩岸同屬一中的核心意涵，不僅會傷害台灣民眾的政治認同情感，讓兩岸關係更加疏離外，更會造成台灣內部民粹力量的抬頭，加緊對蔡英文政府施政上的牽制與要脅，讓蔡英文往中間靠攏的政治力道與作為更加難以為繼，其結果，當然只有讓蔡英文維持現狀的兩岸主軸路線束之高閣！

兩岸關係發展是水到渠成的政治工程，不是雙方主政者可以恣意為之的政治答卷，也不該是「己所不欲施予人」的單方主觀作為可以畢其功，或許大陸方面認為蔡英文的就職演說內容雖有善意但不夠具體明確，不及格但可以補考，但該從蔡英文上台後對兩岸關係發展的實際作為與態度，來觀察她是否願意共同面對可能的兩岸政治對立僵局，而不是再用九二共識與一中原則作為兩岸官方與半官方是否維持聯繫協商機制的政治標準，來進行施壓，實質中斷兩岸協商交流政治關係，「聽其言觀其行」變成「停、看、聽」，兩岸關係從和平發展變成冷和平，甚至可能是冷對抗的翻轉局面。

最近，從廢除國父遺像、拆除中正紀念堂與公投法的修法爭議，蔡英文政府對這些綠委天女散花式的爭議或提案都很快的踩煞車，為的是讓大陸方面不要誤解或誤判，造成雙方敵意螺旋上升，破壞兩岸和平穩定的政治現狀；陸委會副主委邱垂正二十四次溝通的說法以及「兩岸關係就是兩岸關係」的政治定位主張，就是在緩和兩岸關係的可能僵局，往繼續溝通對話的方向穩住和平大局，其目的無非是寄望大陸主政當局可以共同珍惜兩岸和平互動現狀，共同推動兩岸關係的合作與發展。大陸方面應該正確理解蔡英文政府的善意與誠意，在雙方薄弱的政治互信基礎下共同創造相互解套、共同營造良好氛圍的契機，否則雙方政治極端化的發展結果可能就是兩岸關係再起波瀾。

政治是妥協的藝術，兩岸關係發展更是「雖不滿意但可接受」的相互讓步政治折衝，合則兩利分則兩害，這是相當淺顯的道理。近年來，民進黨已經好不容易從逢中必反的意識型態政治泥淖中脫困而出，往「和中」、「友中」的政治路線靠攏，對中政策也是轉往「積極交流」的態度發展，這是民進黨與大陸雙方堅持善意的努力成果，也是兩岸關係發展大勢所趨的潮流。台灣內部雖然因為政黨輪替而造成兩岸關係發展再起波瀾，蔡英文政府則以不挑釁、沒有意外的兩岸溝通對話態度來面對兩岸新變局，這是兩岸關係發展相當難得的政治機遇，也是民、共之間難得的政治關係發展契機，希望兩岸主政當局都能記取教訓，以同理心看待並解讀彼此的政治難處與需求，共同把握此歷史機遇，並找到雙方新的共識基礎，為兩岸關係發展找到繼往開來的方案。

二〇一六、五、二十七

3 宋楚瑜是打開兩岸僵局的通關密碼嗎？

繼前立法院院長王金平將出任海基會董事長的傳聞之後，現在又傳出比較可能是親民黨主席宋楚瑜即將接受蔡英文總統的邀請擔任海基會董事長的消息，宋楚瑜甚至已經在著手準備海基會正副秘書長的人事布局，目前大致鎖定泛藍的前立委與政治人物，如果傳言屬實，恐怕就是蔡英文準備與民進黨宣告即將分道揚鑣的政治序曲！不僅是拿石頭砸自己的腳後跟讓自己限入政治困境，蔡英文是否會因此與民進黨產生政治裂痕，成爲影響其未來連任總統的政治障礙？仍然有待事後的演變與觀察。

兩岸關係發展的冷和平與冷對抗是政治事實與現實，大陸方面不會因爲台灣的海基會董事長人選是藍或綠而有任何的政治轉向或改變，他們眞正在意的是九二共識與一中原則，是蔡英文總統的政治主張或論述有沒有朝此方向靠攏的抉擇問題，絕非是海基會董事長本身有沒有支持或認同九二共識的問題，倘若蔡英文以爲用了宋楚瑜或王金平就可爲目前的兩岸政治僵局加以解套，恐怕就是其個人單方面一廂情願的主觀期待，既無法矇混對岸過關，民進黨內部也未必接受或臣服這樣的選擇。

宋楚瑜或許是蔡英文處理兩岸問題的活棋，也是大陸比較可能接受的兩岸交流與協商人選，但卻是台灣多元政治環境最差的選項！因為民進黨內部普遍對宋楚瑜個人變來變去的政治屬性充滿不信任的懷疑，大陸方面也更相當清楚宋楚瑜的出線並非代表民進黨兩岸政治路線有任何的轉變，而且也充分理解宋楚瑜的任何政治主張或說法根本無法代表民進黨政府或蔡英文的走向，要宋來擔任兩岸關係發展的和平大使，充其量也只是蔡英文的「緩兵之計」，既無法發揮兩岸溝通的橋樑功能，縱使宋楚瑜接受兩岸協商或談判的結果，民進黨可能也很難認帳，最終豈不是白忙一場卻一事無成？

更何況，民進黨內部真的會放任蔡英文這種政治操作嗎？不要說黨內基本教義派的政治勢力會如何反彈與反撲，就連民進黨內的開明務實路線主張者也難認同蔡英文如此自亂陣腳的兩岸人事布局，難道民進黨內就真的沒有人可以處理好兩岸交流與協商事務，還要請宋楚瑜為民進黨打前鋒嗎？民進黨與台灣的政治前途最後會不會被宋楚瑜這個無所不能、無役不與、官本位的過氣政治人物給推進歷史灰燼呢？

當然，蔡英文想用非綠營的宋楚瑜或王金平等政治領袖擔任海基會董事長的政治動機，其實就是想讓外界認為兩岸關係尚未完全破局，來表明自己仍然想要積極處理兩岸事務，想要努力維持兩岸和平穩定的政治決心與意志；可惜的是，大陸方面並不想要讓這種假象混淆了大陸對一中問題的政治堅持，也不願讓外界誤以為蔡英文起用藍營大老宋楚瑜或王金平就可對目前的兩岸政治僵局加以解套。

抑或，蔡英文總統是一石多鳥的政治緩兵之計，有其政治戰略高度的綿密布局，打算讓宋楚瑜或王金平衝鋒陷陣？兩岸關係如果因此能有所突破發展，最後收割的還是蔡英文與民進黨，倘若其結果是負面的發展，則把政治責任推給宋或王，甚且還可把已無兩岸政治橋樑作用的海基會這個白手套就此打進政治焚化爐，由正式的官方機構陸委會接替上場進行兩岸交流與協商，為兩岸關係發展邁進新的政治里程碑，這又何嘗不可能是蔡英文的兩岸關係發展政治布局呢？不管如何，從蔡英文的政治高度與角度來看，如此的政治操作與圖謀，除了民進黨內部的政治變數她未必能夠完全掌握外，看起來也不失為是一種以退為進的政治奇招！

民進黨政治人物或許可以反彈蔡的布局，但卻可能無力回天，也或許應該認清政治現實，該好好思考「不會整碗捧去」的民進黨政府未來將要何去何從？是該改變思維與態度來順勢調整對中政策方向與態度，拿掉台獨黨綱的包袱，以因應蔡英文時代「沒有九二共識的九二會談歷史事實」方向的政治戰略新布局？或者，繼續高舉台獨黨綱神主牌，來對抗大陸對台的政經圍堵？當然，對於宋楚瑜或王金平而言，倘若能夠在政治前景已長日將盡之際，因爲蔡英文的政治戰略布局而有最後殘餘價値的東山再起機會可以運用，也是各得其所的兩全其美結果，又有何不可爲呢？政治的變化就是如此，沒有永遠的敵人，也沒有永遠的朋友，兩岸關係發展又豈能如大家所預期，誰說之後就眞的沒有柳暗花明又一村的政治契機呢？

蔡英文到底在想什麼？到底爲什麼想要拿宋楚瑜來作爲打開兩岸政治僵局的通關密碼？能否如其所願？大陸方面又眞正作何解讀與因應？恐怕就是民進黨黨內政治領袖與政治菁英，甚至是其支持群衆，想不通的謎題了！

二〇一六、六、十

4 馬英九不能出訪香港的兩岸主導權問題

不管駁回馬英九前總統赴港出席頒獎典禮並演講的申請理由多麼正當或牽強，蔡英文政府的「不予同意」決定本身就是政治考量，是站在蔡英文總統的政治高度，必須衡量國家整體利益與卸任總統出訪的政治價值所做的思考，當然更與兩岸關係的發展及布局有其必然的政治連動，這是貫徹蔡英文主導兩岸政治戰略思維的意志，同時也是馬英九未來可能的政治動向，從原本的「投石問路」必須轉爲「投鼠忌器」的開始。

從蔡英文的兩岸內閣人事安排，把最重要的親信幕僚林碧炤、詹志宏與傅棟成分別擺在總統府與國安會，而讓資深外交官、技術官僚出身的張小月擔任陸委會主委，擺明了就是蔡英文總統要親自主導未來兩岸關係發展的事務及政治脈動，陸委會完全只是聽話辦事的機構，只要不惹麻煩、不挑釁且沒有意外地完成上面交辦的任務便功德圓滿，剩下的就是蔡英文如何做好打開兩岸政治僵局的努力與舖墊工作而已！

蔡英文風格的兩岸思維，看起來應該是「沒有九二共識的九二精神」，「沒有兩岸同屬一中的隱含一中」，大陸方面與民進黨內的獨派勢力雖然都無法接受蔡的主張與論述，但卻又都不約而同的無法嚴厲譴責蔡的說法，蔡英文縱使難以突破目前僵局讓兩岸關係能夠繼續維持現狀，但也讓可能的兩岸波濤洶湧或地動山搖局面暫時獲得一定程度的紓解。

當然，目前的政治偏安局面只是短暫的過程，蔡英文應該相當清楚了解，未來兩會中止交流與協商、陸客來台觀光人數大幅縮減，以及台灣邦交國與實質外交關係的國家向大陸傾斜靠攏的情況只會有增無減，台灣內部的政經處境絕對會更加地嚴峻，蔡英文還是必須在兩岸問題上有所作為與突破，才能化解國際社會與台灣民眾的政治疑慮與焦慮，證明她真的有能力處理好兩岸事務。

因此，在兩岸的交流與互動方面，蔡英文必須尋求可能解套的政治機會與空間，海基會、亞太和平基金會與遠景基金會的相關人事安排，就必須是展現善意的第一步政治路徑，外傳的宋楚瑜、許信良與趙春山可能出線也是著眼於此；可是，大陸學者陳先才的「海基會人選是路線問題還是人選問題？」文章已經清楚表明，在蔡未眞正認同九二共識的核心意涵之前，宋即使出面擔任海基會董事長，都將無法撬開兩岸僵局，也無法推動兩會互動的順利開展，等於明白表明，大陸方面就是難以接受蔡英文政府任何擦邊球的兩岸善意作爲，無論一軌、二軌的兩岸政治溝通管道也都無法解決目前的兩岸僵局。

看起來，蔡英文的兩岸政治關卡並不是關關難過關關過，面對大陸方面「寸土不讓」的政治堅持，蔡英文到底還有什麼可能突圍的政治絕招與本領來打開兩岸僵局？還是蔡英文早已盤算到目前這個結果，雙方彼此之間的政治對立僵局原本就無解，只要兩岸關係不是產生翻天覆地或戰爭邊緣的政治演變，就讓現在冷和平或冷對抗的兩岸關係現狀原地打轉，等待未來適當的時機再來處理或解套？

正因爲如此，蔡英文不會在短期間內讓馬英九出訪的挑戰順利成行，因爲馬英九在外的一言一行或政治圖謀都有相當大的可能性，會攪亂蔡的兩岸布局與脈動，因而，不想橫生枝節的蔡英文必須有效控管馬英九的出訪政治活動，才能牢牢掌握兩岸關係發展的政治節奏不出任何的意外。國家安全或國家機密可能外洩的法律理由，充其量也只是讓馬英九這個法匠有志難伸的政治藉口。

其實，不論是七月上旬南海問題的仲裁結果，或者是七月中下旬的民進黨全代會召開，都是蔡英文可以化被動爲主動的兩岸關係發展政治解套的契機，蔡英文總統是否願意打開兩岸僵局，以及是否政治條件與籌碼可以運用或創造，就看蔡有沒有意願踏出這一步；當然，倘若大陸還是以不變應萬變，繼續堅持要求蔡英文四年內都很難做得到的一中原則核心意涵，而沒有任何政治的彈性空間，恐怕蔡英文也眞的很難趁此機會調整對中政策的政治立場，其結果還是只能讓兩岸問題原地踏步，僵局更加難解了！

二〇一六、六、十三

5 民進黨的兩岸魔戒是該摘除了

蔡英文時代的兩岸關係發展是個新變局時代，是承接著陳水扁與馬英九兩位前總統不同對中政策政治思維與執政策略後的新時代開端，向左或向右轉都將直接牽動著台灣未來命運的變化，也勢必會引動大陸對台政策是軟或硬的直接攤牌結果，其中又以兩岸關係的本質問題，以及民進黨的台獨定位問題最難處理但又無法迴避。蔡英文五二〇就職演說似有若無的「隱含一中」、「實質兩區」政治論述雖然部分拆解了大陸「地動山搖」的後續可能政治反應，但大陸國台辦「未完成答卷」的政治定性，同時也埋下了兩岸僵局未解的政治序曲，兩岸關係發展正式進入到冷和平隨時可能轉化為冷對抗或冷戰爭的局面。

獲得五十六%選票支持勝選的蔡英文總統，雖然未必是因為維持現狀的兩岸論述贏得大選，但至少是因為國際社會與台灣多數民眾信任她維持台海和平穩定與安全的政治保證及決心，才有今天完全執政的結果。倘若民進黨執政之後並沒有辦法實現競選諾言，兩岸關係發生更多不穩定、不安全的政治敵對衝突，縱使引發動盪的因素是兩岸政治認知不同、政治互信基礎薄弱或一個巴掌拍不響的各說各話所造成，但在兩岸政經實力懸殊、國際外交政治空間「比較優勢」差距過大的嚴峻情勢下，台灣究竟還有多少政治力量與籌碼來證明：蔡英文眞的有能力維持台海和平與穩定的現狀？

從蔡英文與民進黨的政治角度來看，擋住綠委廢除國父遺像、「兩國論」入兩岸協議監督條例、公投法修正案中納入變更領土、與兩岸政治性協議事前、事後公投的提案及立修法審查……等等，就是想營造一個不挑釁、沒有意外的兩岸和平穩定發展政治善意空間，大陸方面倘若只是誤判情勢、曲解事實，片面認爲這是蔡英文背後自導自演的政治操作，甚至聽信台灣統派學者與部分國民黨保守勢力，把廢除課綱微調當作去中國化的文化台獨政治操作，以此來認定蔡英文政府是破壞兩岸政治現狀的元凶，那麼民進黨以後也沒有必要再熱臉貼冷屁股，去積極努力展現對中的政治善意了！

這就是兩岸關係發展的政治癥結所在。由於民、共雙方對兩岸到底是一國或兩國政治關係認知的本質爭議而造成這麼多的偏見與敵意，任何一方再多的善意舉動或操作，總被對方看成是別有用心的政治圖謀，甚至被當作是逢中必反或政治統戰的陰謀來加以解讀，導致兩岸主政當局敵意螺旋無限上升，兩岸關係發展再度陷入冷和或冷戰的黑暗期，雙方的政治形勢發展態勢終將進入對撞但是各踩剎車的劍拔弩張危險局面，若不能有效處理面對，恐怕就是隨時引發更嚴峻的局面，導致兩岸雙輸的兩敗俱傷！

因此，爲了台海的和平穩定，爲了兩岸人民的生存發展福祉，兩岸關係發展必須雙方主政者各讓一步的同理心態度與作爲，才能化解敵對危機回到正常軌道當中加以運行，這並非是「誰向誰靠攏」的政治正確與否的問題，也不是「誰向誰讓步」的政治輸贏問題，而是兩岸分則兩害、合則兩利的大是大非問題。兩岸關係發展唯有堅守和平穩定的道路與立場，積極營造化解敵意對抗、消除政治歧見與拉近距離的善意氛圍，往互利共榮、雙贏合作的正確方向相向而行，才是最正確的判斷與選擇。

由美麗島電子報副董事長吳子嘉與前立委郭正亮共同策劃，聯合三十多位黨代表連署提案，建請民進黨全代會授權其中執會根據蔡英文總統「維持現狀」論述提出新黨綱，希望用以取代一九九一年台獨黨綱、一九九九年台灣前途決議文、及二〇〇七年正常國家決議文，以符時代需求，凝聚台灣共識，強化民進黨維護台海和平之穩健形象；這正是基於如此的兩岸關係政治發展現狀與民進黨已經執政的政治現實環境，配合蔡英文總統「維持現狀」的主流論述政治基礎，試圖尋求化解兩岸政治僵局的務實解套作法。吳子嘉強調他沒有要凍結台獨黨綱，不涉及任何價值判斷，只是要在黨綱中融入新政府的主張，「現況就是蔡總統以中華民國憲法宣誓擔任總統，黨應該跟上政府的腳步」，民進黨已經執政，但黨綱與決議文都有一個特性，對中華民國抱持否定態度，這跟現狀不符。

其實，民進黨內部都相當清楚這三個黨綱與決議文，都有其歷史背景與時代發展上的政治價值，只是這三者之間也存在著相互矛盾扞格的牽扯，尤其與標榜用中華民國憲法、兩岸人民關係條例及其他相關法律規定處理兩岸事務的就職演說政治論述與主張是有其根本性的衝突之處，若不能與時俱進加以配套整合處理，恐怕就會發生黨內各吹一把號、新政府各部門多頭馬車、各自爲政的政治解讀荒謬現象。綠委在立法院天女散花式的政治性提案，衝擊兩岸關係發展政治互信的問題將更難以獲得解決。這些政治意外與擦槍走火的政治演出，難道就不會嚴重影響外界以及台灣民眾對民進黨處理兩岸事務的政治信任嗎？難道可以避免外界對蔡英文穩定台海和平現狀的政治質疑與批評嗎？

民進黨已經執政了，而且是完全執政完全負責，不能再存有在野黨的政治偏安心態！是該好好處理與中國大陸對一中問題的政治歧見與爭議，也該誠實面對執政基礎的維持現狀與三大黨綱、決議文的兩岸關係發展根本問題，這是民進黨政府該對國際社會、台灣民眾與中國大陸負起的政治責任，同時更是蔡英文總統能否穩定執政的重要關鍵問題。民進黨全代會是該好好處理吳子嘉、郭正亮所聯合策劃的黨代表建議授權中執會提出新黨綱的提案，爲民進黨的全面執政鋪墊更好的政治基礎，爲兩岸關係的和平發展注入新的動能，爲台灣民衆的安身立命與生存發展找到最佳的政治保障。

二〇一六、六、十七

6 維持現狀新黨綱是好球或殺球？

蔡英文總統五二〇就職演說強調，以中華民國憲法、兩岸人民關係條例及其他相關法律處理兩岸事務，被大陸國台辦定調爲「未完成的答卷」，兩岸官方與半官方聯繫交流往來溝通機制形同暫時中斷，兩岸關係進入僵局難解、前景未明的若即若離政治困境。民進黨內務實路線的政治人物爲求解套的契機，轉而提出「維持現狀新黨綱」授權建議提案，其策劃人吳子嘉、郭正亮連同三十多位黨代表日前正式向民進黨全代會提出，不管今（二〇一六）年七月十七日召開的全代會中黨主席蔡英文究竟要如何接招？他們提案背後的政治動機究竟爲何？其實就是要突顯目前民進黨台獨黨綱、台灣前途決議文與正常國家決議文已經不符合時代發展所趨，以及執政黨應有的前瞻發展政治格局，甚至對未來兩岸關係發展也已產生嚴重的政治障礙，倘若能夠及早處理、應對，勢必能夠讓台灣擺脫政經發展困境，找到對症下藥的眞正出路。

儘管外界並不看好民進黨全代會對該提案會正面處理，民進黨內的獨派勢力也懶得花力氣來反制、批判該提案的是是非非，但無法忽視的是，台灣多數民眾如何認定民進黨是否有誠意與善意來積極解決目前的兩岸政治僵局；以及蔡英文主席是否眞的想要扮演好維持台海和平現狀的領導人角色。這是這個政治性提案未來是否會有新化學變化的政治觀察重要指標，同時也是攸關未來兩岸關係發展相當重要的政治轉折契機。

因此，「維持現狀新黨綱」建議案本身雖然是中性的政治提案，是爲了希望減少民進黨的內部衝突、降低通過障礙的妥協產物，但其所蘊含的政治價值與政治戰略縱深，其實是相當深遠寬廣的布局考量，是想翻轉蔡英文執政困境與確保穩定執政格局的前瞻性思考，更是想藉此政治連動效應，來改變調整民進黨對中政策與思維的「觀念革命」。或許可以因此促成此次全代會最後作出兩岸和平政治綱領的務實決議或共識，或者使民進黨內部決策機制正視台獨黨綱等三決議文相關爭議問題該如何處理，這都是民進黨完全執政之後必然要去面對的嚴肅政治課題，目前或許時間條件未必成熟，但卻是未來必須未雨綢繆早作政治打算的兩岸政治盤局。

其實，目前兩岸關係急速冷凍的局面已是事實，大陸客來台觀光人數大幅銳減，台灣的邦交國到處被大陸挖牆角，什麼時候要發生斷交的政治骨牌效應，幾乎完全操之大陸手上，再加上台灣參加國際組織不是被刻意矮化，就是未能獲得大陸默許認可，只能在外面徘徊，過門難入，這是台灣被大陸圍堵封殺、處境堪慮的政治現實狀況，若無法找到可以翻轉危局的新途徑與新方法，台灣的確面臨相當嚴重的政經壓縮，可能寸步難行！

兩岸政治情勢發展已經急轉直下，兩岸關係的冷和或冷戰局面已逐漸形成。雖然目前雙方主政當局都還抱持著留有餘地的轉圜空間，有意化解政治僵局，然而在大陸方面堅持反獨與兩岸同屬一中的壓力與日俱增的情況下，民進黨與蔡英文政府所面對的內外壓力與政經情勢只會更加嚴峻。倘若不能在台灣的普遍民意與大陸的兩岸政治共同基礎上，找到可以相互諒解或對接的政治平衡槓桿，讓兩岸關係發展有好的解套機會與空間，恐怕就很難避免最後眞的造成火車對撞的結果！

是以，解鈴還須繫鈴人，民進黨因為不同時代的政治需要而創造出台獨黨綱等三大政治代表作，既然已經完成了歷史性任務，如今，民進黨的二次執政卻又正好被這宛如政治魔咒的三大黨綱所加以捆綁束縛，讓兩岸關係發展墜入無底深淵，讓兩岸和平發展大局產生可能翻覆的結果。看起來，「維持現狀新黨綱」的授權建議提案就是蔡英文該有政治表態的重要轉折關鍵，是民進黨全代會必須直接攤牌表態且難以迴避的政治決斷時刻，就看蔡英文與民進黨怎麼想、怎麼做了！橋已經搭好，是好球還是殺球就等著七月十七日民進黨最高權力機構全代會答案的揭曉了！

二〇一六、六、二十二

7 應如何在兩岸關係詭譎多變的效應中找到出路？

兩岸關係發展是政治博弈的拔河賽，充滿各種挑戰與變數，一場場的賽局操兵，總考驗著主其事者的經驗、專業、意志、耐力與決心，很難有贏者全拿的政治結果可以證明輸贏或成敗，短暫的受挫常常也可能累積成下一場決戰的勝敗動能或緣由，一時的輸贏也很難因此就可算得出眞正的得失利害政治價值。

馬英九政府時代最引以爲傲的兩岸政績，爲什麼在今天的台灣被看作是流失政經籌碼的爛局？爲什麼最後台灣民衆會把貧富差距懸殊、所得分配不公平與產業發展困境問題都與馬政府的兩岸政策綁在一起？爲什麼蔡英文只用了維持兩岸現狀的主張，就可以把馬政府八年的努力打趴在地？就連國、共關係也只能演變成猶抱琵琶半遮面的似有若無境地，深怕黏得太緊又會惹起非議，讓國民黨難有東山再起的政治翻身餘地！

這些問題不僅國民黨自己都弄不明白，恐怕對岸的部分涉台單位至今也還搞不清楚到底爲什麼？正因爲如此，很多人就把問題導向民進黨很會搞網路戰、宣傳戰，所以，才能夠用似是而非的維持現狀口號與騙術贏得選舉。因此，現在大陸當局只要繼續堅持九二共識、一中原則與反獨立場，看準民進黨一定無法接受，兩岸關係發展就會逆轉、惡化，屆時台灣的經濟發展便會嚴重受到影響，進而證明蔡英文所謂維持現狀是騙人的政治把戲，是蔡英文自己沒有維持兩岸共同政治基礎而破壞現狀，經濟發展不好也完全是蔡英文必須承擔的責任。

然而，眞正的問題關鍵在，國民黨並不是眞的敗在兩岸關係的發展與變化上。馬英九的不統、不獨、不武政治主張與九二共識的一中各表說法，從來就只是選舉口號及政治圖騰，縱使短暫期間可以換來大陸當局的外交休兵與經濟讓利，但對台灣大多數民眾而言，看到的卻是拿政治換經濟、用主權換一時偏安的政經假象，讓兩岸的特殊政商權貴藉此獲取不當的特權壟斷利益，讓台灣逐漸流失政經籌碼。換句話來說，馬政府時代的兩岸政績政治優勢，就是如假包換的乾坤大挪移政治騙局，犧牲全民政經利益來造就少數個人與特定政商集團的「兩岸紅利」，連勝文台北市長選舉的敗選與連戰登陸參加閱兵時的全民怒吼，正徹底反應出人民認爲這是個政治騙局。國民黨最後兵敗如山倒就是因此而來，不是兩岸關係發展的大局讓國民黨丟了選票與政權，而是敗在這些穿梭兩岸的政客與政商權貴眞的太過貪婪，再加上大陸當局有意或無意的縱容放任，導致今天馬英九的兩岸政績彷彿變成空中樓閣，連帶地，九二共識所構築的政治碉堡也就從此真的塌陷了！

然而，看著國民黨兩岸政治碉堡的樓起樓塌，民進黨政府也別因此高興得太早！台灣主流民意還是希望兩岸能夠維持和平穩定發展，不願意看到完全執政的民進黨政府處理不好兩岸事務，甚至因為過度偏向美、日的而在東海、南海與釣魚台議題上碰觸大陸的政治底線與敏感神經，造成兩岸關係的政治緊張與敵對衝突。這是蔡英文政府必須嚴守的政治分際與界限，倘若不能審慎處理，台灣內部的「普遍民意與民主原則」也同樣可以讓蔡英文政府的施政寸步難行，甚至翻轉局面失去政權！

畢竟，水能載舟也能覆舟，兩岸關係和平發展截至目前為止還是兩岸的政治共識，台灣的政黨輪替與民進黨執政結果，不該被看作「和平統一無望論」的政治藉口而興起大陸對台動武的念頭，但民進黨政府千萬也別被某些政治民粹沖昏了頭，而製造出可以讓大陸當局翻轉兩岸和平發展主流趨勢的理由。

國民黨失掉政權只是失去了他們的黨國利益，兩岸人民共同福祉的和平發展大局並未因此產生動搖，但是，以台灣目前的嚴峻的政經情勢與所處的國際政治環境現狀來看，民進黨如果再次輸掉政權，恐怕就不是民進黨很難再度翻身的簡單問題而已，可能輸掉的是整個台灣，是在兩岸關係的終局發展中喪失了獨立自主的政治選擇決定權。更何況，如果兩岸關係和平發展的大局是因爲民進黨政府的政治作爲而遭到破壞，不僅國際社會無法挺身而出支持台灣，就連台灣多數民衆也不會力挺民進黨政府，屆時，台灣的政治命運與前途發展也就可想而知了！

因此，民進黨政府是該清楚認知，台灣在美、日與中國的大三角政治關係中的平衡角色與政治價值，千萬別誤判情勢，以爲南海等爭議問題可以成爲台灣的政治操作籌碼，可以在大三角政治關係當中，透過政治交易獲得台灣最大的政經利益，最後卻可能演變成爲這些列強爭端的政治棋子或犧牲品！

贏得政權的民進黨並沒有贏得兩岸關係發展的政治主導權，相反地，民進黨政府受到對岸的政治牽制力量只會愈來愈大愈強烈，只會更加左右爲難、進退失據，甚至舉步維艱。因此，民進黨政府更必須謹小慎微，保守應對國際政治情勢變化、亞太區域安全爭議以及兩岸關係的往來互動新發展變局，對於任何可能挑動政治敏感神經的重大政策與議題，要比以往在野或陳水扁執政時期，展現更理性自制與強力控管的政治能力與處理態度，來務實面對問題、解決問題，兩岸政治爭議問題不能單純只用普遍民意與民主原則想要來化解，而應回到兩岸關係特殊性的根本性質與定位，來與對岸打交道並建立新型態的政治關係。這就是目前蔡英文總統贏得總統大選當家執政，所眞實面臨的嚴峻國際情勢與兩岸關係，你可以不喜歡，也可以不認同，但卻無法逃避這個相當艱難的兩岸政治困局，必須實事求是地加以面對處理。

兩岸關係的政治轉折時間點確實已經到來，在兩岸政經與軍事的「比較優勢」情況下，台灣到底還有多少的政治選擇與自由決定空間？蔡英文總統又是否充分理解，要維持台海和平穩定現狀還需付出多少的政治代價與努力？作爲執政的民進黨是否眞的清楚繼續維持台獨黨綱、台灣前途決議文與正常國家決議文而不做任何新形式的政治處理，將對兩岸關係發展造成多大的政治障礙與危機？兩岸關係發展的政治輸贏與成敗得失，已經不再是台灣由誰執政的「政治民心」歸屬問題來加以決定或看待，最後的勝敗關鍵看的還是國際政治大環境的制約力量與兩岸的政經實力強弱問題；台灣當然有自己的政治優勢與籌碼可以運用，也不需要妄自菲薄只能屈服在對岸的政治圍堵與打壓之下，但是至少要清楚認知自我能力與實力，處在如此險惡艱難的國際情勢與政經環境下，不要再過度膨脹自己，而應該穩中求進地務實處理兩岸政治困境與僵局，這才是唯一的政治途徑與方法。

在缺乏兩岸共同政治基礎的情勢發展下，目前的兩岸溝通協商聯繫機制已經暫時停擺了。蔡英文總統所要面臨的兩岸政經挑戰環境只會愈來愈加嚴峻艱困，諸多來自內外不確定的政治衝擊與壓力將逐漸升高，民進黨是否真的做好準備，來因應這個新形勢的政治變局？如何認清與理解兩岸政經情勢變化的隱憂，並走出可能誤解與誤判的政治迷思，重新找到兩岸和平共存的新路徑及方法？或許就是未來蔡英文與民進黨政府該積極努力面對的嚴肅政治課題。這是兩岸關係可能要直接攤牌的關鍵時刻，看起來，應該從修改民進黨黨綱、提出兩岸當局與台灣朝野都可接受的適任海基會董事長人選、成立總統府所屬的超黨派兩岸和平委員會開始做起，再配合召開兩岸關係國是會議，以凝聚台灣共識並提出新的兩岸和平發展國政藍圖，準備與對岸進行建構新共同政治基礎的政治談判，對兩岸事務、一中問題以及東海、南海的兩岸合作事宜直接進行政治對話與協商談判，或許才是全方位解決兩岸關係發展政治困局與僵局的唯一解套方法，應該加以審慎考慮、評估與處理。

二〇一六、六、二八

8 雄三事件重創的兩岸互信要正視處理

台灣雄三飛彈的誤射烏龍事件，可以說是一個嚴重打擊蔡英文政府國際形象與政府威信的意外事故，更對已經關係急凍的兩岸困境造成難以回復的衝擊，蔡英文政府如何上緊發條挽回政治頹勢？尤其，面對大陸國台辦指責此事件嚴重影響兩岸關係，並指控先通知他國再告知大陸是向美、日靠攏，更讓兩岸關係發展降至冰點，已經造成兩岸政治互信的重創。這是蔡英文政府上任一個多月來「有意外」的兩岸衝突政治危機，或許必須從七月十七日民進黨即將召開的全代會，是否能夠通過部分黨代表連署推動的「維持現狀新黨綱」授權建議案開始，尋求增強兩岸政治互信的政治途徑來加以解套。

兩岸關係的和平發展大局，是兩岸人民的政治共識，也是台灣朝野方面不分黨派的政治認知與共識，唯有維繫住這個共識基礎才能讓兩岸相向而行、和平共存，也才能夠讓台灣繼續保有經濟發展的政治動能。

因此，民進黨雖然已經上台執政，蔡英文總統也盡其可能釋放維持兩岸和平穩定現狀的既定政策與方向，但還是因爲九二共識與一中問題的政治爭議，而無法取得與大陸的共識或諒解，兩岸關係發展呈現冷和平或冷對抗的政治局面。其實，兩岸合則兩利、分則兩害，縱使兩岸目前難以解開九二共識的認知僵局與爭議，也應該用實際行動與態度展現政治互動的善意及誠意，來努力化解對立與僵局；對於民進黨政府而言，這是信任執政與穩定執政的重要政治關鍵，同時也該是重新修補與大陸當局政治關係，並強化雙方政治互信作爲的重要一步，其中，修改並調整台獨黨綱與台灣前途決議文就是相當重要的積極訊號。

當然，對於大陸主政當局而言，兩岸關係的和平穩定也是相當重要的目標與任務，處在兩岸關係發展的政治節點，堅持兩岸同屬一中的核心意涵是難以再退讓的政治意志與決心，但面對兩岸目前難解的政治困局，或許可以用更加展現自信的保有餘地策略與態度，來看待民進黨政府可能的調整或變化。從七月十二日海牙仲裁法庭處理南海問題的結果，到七月十七日民進黨全代會對新黨綱建議案的處理，蔡英文政府是否有對中善意的處理表現來觀察？或許可能會有新的政治契機也說不定！

雄三飛彈誤射事件意外引發的兩岸衝突對抗危機既然已經造成，陸委會雖然盡其所能撇清與大陸無關，也不願因此引發雙方的政治誤解與誤判，但由此可證蔡英文政府的確過於輕忽大陸的可能反應及反彈，這是對中政治態度的錯誤操作與心態，若不能儘速調整並加以修正，恐怕未來再發生任何兩岸政治突發事件，就不像這次雄三事件能和平落幕了，其結果，受害最大的也必然是台灣這一方，屆時，台灣是否能夠有足夠的因應能力？恐怕就是未知數了！

總之，政治沒有一成不變的道理，大陸軟中帶硬處理雄三事件還算是有所節制，蔡英文政府也未必是鐵板一塊，雙方都不願看到意外突發事件造成更難收拾的政治惡果發生，然而，兩岸關係的正向發展，原本就需要雙方主政者拋開政治包袱與敵對意識，共同解開困局。期待民進黨能有新的政治突破與格局，對南海問題與台獨問題有新的處理變化，大陸方面也能夠用同理心重新理解民進黨的可能變化，一起爲兩岸關係的和平發展大局注入新的政治動能！

二〇一六、七、七

9 南海問題仲裁後的台灣政治路線困境與危機

一個南海仲裁案，搞得兩岸人仰馬翻，又獲得最差的仲裁結果：大陸主張的九段線範圍的歷史權利沒有法律依據，南沙群島所有海上地物都爲礁岩，意外波及台灣的太平島也被認爲不是島，影響兩百海浬專屬經濟海域的問題。兩岸執政當局都對外表明絕不接受這樣的仲裁結果，也同聲表明該仲裁結果沒有約束力，大陸三大艦隊繼續在南海進行軍事演習，台灣則在隔天立即提前派出康定級的迪化艦巡弋南海。蔡英文總統也登艦喊話捍衛主權，她表示，「我們向來主張，南海問題的解決，應該要透過多邊協商，和平解決爭端；我們也願意在平等協商的基礎上，跟相關國家共同促進南海區域的和平及穩定。」

這樣的結果，美國是最大的贏家，利用菲律賓及仲裁法庭瓦解兩岸在U型線的歷史性權利，增加未來北京與其他聲索國談判的困難度，弱化了大陸在南海填海造陸與其他行爲的正當性；而不接受仲裁結果則讓大陸的國際公信力與政治聲譽嚴重受損，更在國際社會中加深了大陸的外交與軍事霸權形象。看起來，大陸在南海諸島與相關海域的種種作爲會因此短暫受挫，但美、中在南海的戰略平衡態勢是否會產生變化？仍然有待進一步的演變與觀察。

在國際外交與政治軍事實力仍然必須仰賴美國的台灣，政治處境最爲尷尬，原本樂觀的以爲仲裁結果不會波及到太平島是島而非礁的政治及法律地位，所以在仲裁前原本高呼遵守國際法與國際海洋法公約的主張，在仲裁後只能模糊以對。原本打算將「歷史性權利」觀點與中華民國憲法「固有疆域」的理論依據，替換爲「有效佔領」權利爲論述太平島主權的觀點，也悄悄地產生微妙的政治轉變；外交、內政與陸委會相關部會首長在立法院委員會答詢時紛紛主張，政府對南海主權的主張是根據一九四七年公佈的南海諸島位置圖，西沙、中沙和南沙群島是我方的主權範圍，因此，我政府不承認南海的仲裁結果。隨後，據媒體報導，我們的總統府已定調不提U形線與十一段線、歷史性水域等問題，只主張是一九四七年南海諸島位置圖，避免國際社會誤以爲兩岸在南海議題上聯手或態度一致，以彰顯台灣的主體性。

看起來，台灣在仲裁前後的政治主張轉變，思考的政治重點應該是被美國人擺了一道又不能反彈太過火，不能與大陸同仇敵愾造成兩岸政治聯手的外界印象，只能提出有點不同的法律主張，突顯雙方意外站在一起的不得已政治窘境；既不能得罪美國，也不能造成挑釁中國大陸的政治口實，這是台灣目前兩害取其輕的政治作法，輸了面子與裡子，但不能做爲美、中政治霸權鬥爭的政治棋子或犧牲品。可是，似乎還是有點被人賣了還要幫別人數鈔票的感覺，原本還想打算從中獲利小賺一筆，結果卻又是兩頭落空！

儘管如此，幸運的是，台灣還是因此避開了原本「有效佔領說」可能引發的兩岸嚴重衝突政治危機與風暴，這是不幸中的大幸。往後該認眞思考的是，美國不可靠，大陸不可信，台灣在「兩大」之間又不可避免的必須「以小事大」，如何走出自己的政治活路與空間？尤其台灣在南海議題上，主政的民進黨所凸顯出來的「親美遠中」政治路線難道已是最好的政治選擇嗎？有沒有更靈活彈性的「聯中」政治結盟的務實籌碼可以交叉運用？否則，純就東海與南海議題上，台灣就只能一再地扮演美、日與中國大陸的政治對抗籌碼與祭品，得到的又是台灣內部「不能喪失國格與尊嚴」、升高政治與軍事衝突危機的民粹反彈政治情緒，如此的惡性循環，如此的一再被列強所出賣與踐踏，最後，受傷的總是自己！

進退已經嚴重失據的台灣南海危機，暴露出來的現實就是美國把台灣當政治棋子來耍，我們卻又只能摸摸鼻子、幫美國人講話，大陸方面又總是訴諸民族大義與情感，想拉攏台灣跟大陸站在同一戰線對抗西方列強，可是，台灣又只能因爲大陸的軍事威脅而不敢與大陸站在一起或走的太近！面對這樣的兩難政治困境與僵局，台灣到底還有什麼樣的政治選擇與機會找到政治生機？大陸方面也是該想想，這難道就是台灣的政治宿命？難道不能試著調整對台的政策與作法，讓台灣有更寬廣的政治空間與氛圍，來與大陸進行更長遠穩定的互動合作機會呢？還是，最終只能繼續堅持立場，讓兩岸關係往更難解的政治局面發展，把台灣推向美國的政治懷抱呢？

二〇一六、七、十五

第七章

執政態度與策略衝擊兩岸關係發展

選後兩岸關係發展發生許多意外突發事件，再加上國際因素的政治影響，蔡英文如何展現政治態度與高度來面對問題、解決問題？如何在中、美戰略平衡動態關係當中，取得夾縫求生、穩中求進的政治平衡關係？這是考驗著蔡英文的政治智慧、格局與領導能力，也是兩岸關係會不會有重大轉折變化的關鍵時刻，需要蔡英文正確掌握且精準判讀國際情勢與中國大陸政經情況變化與發展。

1 新黨綱的戰略布局與縱深

民進黨全代會通過了「維持現狀新黨綱」授權建議案交付中執會研擬的提案，沒有被現場出席的黨代表攔截或杯葛，也沒有引發黨內的政治大辯論，外界一定會非常好奇，到底這樣的爭議性提案未來會有何演變？是像以往的凍獨案被中執會繼續冰凍起來，還是有機會促成民進黨解決台獨黨綱的政治罩門，找到眞正的解套？當然要看的是蔡英文總統兼黨主席的兩岸政治布局到底會有何新的變化而定。

雄三飛彈誤射意外事件與南海太平島被仲裁成礁岩的政治衝擊，對一向不願意有意外的蔡英文執政思維來講，就是相當嚴重的政治打擊。原來不想提早面對美、中國際政治角力下的兩岸關係問題，卻因爲這兩件意外的事故，讓她可能必須重新思考「親美遠中」政治路線，是否眞的對維持台海和平與穩定現狀有幫助？或者，只是可能成爲美國抗中的政治工具，連帶地也讓台灣喪失了與大陸的政治互信關係，與往來互動的合作機會及籌碼？

蔡英文不是政治笨蛋，她也不是一個甘願讓美國隨意操弄的領導人！記取政治教訓、反省檢討問題出在哪裡，是她應該會有的政治反應，除了必須積極處理國安會對兩岸與國際政治能力人手不足的缺失以填補漏洞外，海基會、亞太與遠景基金會的人事與政治功能也應儘速處理解決，否則，仍然可能重蹈覆轍，因爲政治誤判與因應危機的處理能力不足，造成更難加以收拾的後果！

另外，唯美國馬首是瞻的戰略思維也必須有所調整，與大陸建立新型政治關係的平衡策略也該有更好的突破與布局，不能夠再任由美國完全左右台灣的命運與出路，這是蔡英文應該要開始反思的因應重點所在。

民進黨全代會無異議通過「維持現狀新黨綱」的授權建議案，是由蔡英文主席裁示通過，原本是可能被擱置或討論否決的提案，但因爲最近的政治情勢變化與國際政治的新發展需要，這個提案的未來發展是有其重要的政治戰略縱深，也可能是民、共政治關係與兩岸關係發展的重要政治潤滑劑與橋樑，倘若適當的時機到來，蔡英文未必就不會扮演臨門一腳的角色，讓新黨綱成爲平衡美、中關係的政治關鍵籌碼；屆時，可能形勢丕變，可能的對中政策也有更加務實調整的政治機會與空間，台灣可能就不再是美國的抗中政治工具與籌碼了！

二〇一六、七、十七

2 執政策略與佈局是該好好想想了！

民進黨全代會無異議通過的「維持現狀新黨綱」建議授權案，外界總是用當年凍獨案交中執會研究的觀點來加以看待，認爲也將如出一轍落到被冷凍封存的下場，當然，以目前派系共治的民進黨中執會政治結構來分析，這樣的政治論點或預測未必沒有其道理，但可能忽略了民進黨目前已經執政的政治現實環境，與國際政治發展態勢的可能演變，以及實際上已經定於一尊的蔡英文總統與黨主席，未來可能藉由處理新黨綱來修補兩岸冷和平或冷對抗的政治關係，以建立兩岸關係發展的新型態政治關係。這或許是蔡英文在全代會中留有餘地的政治操作，更是其處理美、中政治戰略平衡賽局當中，爲台灣未來的發展拉大政治戰略縱深的奧妙所在。

蔡英文總統上任後，原本就不想急於處理兩岸關係的相關問題，只要能用維持現狀與就職演說所提的中華民國憲法、兩岸人民關係條例與其他相關法律來推動兩岸事務，撐住局面，只要兩岸因而沒有發生地動山搖或波濤洶湧的政治大事，縱使兩岸關係陷入政治寒冬，大陸惠台措施逐漸縮減，兩岸觀光旅遊熱況大不如前，甚至，台灣的邦交國家也可能被大陸挖牆腳造成斷交潮，這都是可以安全管控或回歸市場正常機制的可控範圍，不用過度憂心！重點是往後台灣把政經安全配套機制做好，分散投資風險的新南向政策能夠上軌道正常運行，台灣的經濟與產業發展可以走得出去，就不用太過在意大陸可能的政經制裁措施。

在國際政治關係的發展上，要能夠與美、日等友好國家站在一起，形成價值同盟的政治合作結盟體系，不僅台灣的安全無憂，就連加入TPP等參與國際組織的問題也可迎刃而解。因此，兩岸問題不是蔡英文上台後必須優先處理的執政問題，只要抱持著不挑釁、沒有意外以及好好溝通的對中政治態度與作爲，就可以讓蔡英文政府有較爲寬廣的政治時間與空間，來處理其他更必需要處理的國內民生經濟、政治轉型、年金改革、司法改革與長照制度等等問題，這是蔡英文的政治如意算盤與掌握執政脈動的判斷。

然而，蔡總統沒有意料到的是，大陸當局根本還沒有刻意出手對台進行政治力道較爲強勁的政治施壓，台灣就已因爲端午節連假取消夜間收費、桃園機場淹水、華航空服員罷工抗爭事件及雄三飛彈誤射意外，造成治國形象受損，再加上接踵而至的颱風風災讓台東受到重創、南海仲裁結果讓太平島被視島爲礁，民進黨政府不是疲於奔命趕緊滅火，就是左支右絀難以招架這突如其來的國安危機。幸好，在此期間發生的台鐵爆炸意外與一銀提款機被盜取八千萬元的事件，都因警政單位的迅速破案而有效遏止政府形象可能崩跌的政治窘境，讓原本可能已經搖搖欲墜的林全內閣勉強撐住局面，讓身爲國家領導政治統帥的蔡英文不至於一上台就面臨統治無力、領導無方的政治批評與指責，但也眞的讓人嚇出一身的冷汗！

至此，蔡英文政府也才開始意識到了「當家方知柴米貴」的政治道理，千瘡百孔的國家治理與民生經濟問題，不是換了一個較有活力且貼近民心的政黨執政就可萬事太平，不是用一個充斥著專業與技術官僚「老舊藍」的財經內閣團隊就可解決經濟沉痾，翻轉經濟敗象危機。一個勞工周休二日的政策爭議問題不管要如何處理或調整，總會牽動著千絲萬縷的勞資對立與平衡、產業發展與投資前景的影響評估、以及政府公信力維護的根本性問題，動輒得咎，不動則罵聲連連，政府每每陷入進退維谷的政治困境當中。

更何況，雄三飛彈事件縱使是意外的烏龍凸槌事件，但對台灣的國際聲譽與政治形象，無疑已經造成嚴重影響，台灣軍人的紀律問題與士氣也受到嚴重的衝擊，當然，兩岸關係發展的政治互信必然也遭受重創。試想，一個士官的「系統性錯誤」問題就可能引發兩岸戰爭，以後還有哪個國家敢賣更精良的武器給台灣？還有哪個國家會相信台灣有足夠的軍事防衛能力捍衛台灣的領土與主權，更不要說這樣先進的武器會不會被一個小兵「奉送」給對手加以拆解呢？

南海仲裁問題，台灣意外被波及傷害，太平島變成礁而非島，看得到卻可能吃不到的漁權、礦權等現在或未來的經濟損失或許難以客觀估量，人民情感上的傷害深遠，但民眾也相當理解弱國無外交的國際政治現實，因而展現不過度反應的自制情緒，讓政府按部就班加以處理解決。然而，從台灣多數民眾的角度著眼，這是台灣過度親美遠中所造成的政經傷害，美國是把台灣當作圍中或抗中的政治棋子耍弄；台灣方面既不接受仲裁結果又不能得罪美國，不能直接宣稱擁有十一段或U型線的歷史性權利，也不能在南海議題上與大陸共同合作，最後，台灣只能任由美國擺佈，可說是裏外不是人！

這就是蔡英文政府目前的政治困境，執政團隊雖有專業能力但政治能力、溝通能力與領導能力則有待加強，國安團隊雖有政治能力但專業能力與人才分工、整合運作能力明顯不足。因此，到目前為止，所表現的情況的確難以負荷國家的治理重責，也難以因應國際政治情勢發展的變化與兩岸可能的政治變局。尤其，面對美、日、中政治大三角關係如何平衡台灣的政治角色與價值？還有，面對九月即將發生的參加國際民航組織年會問題，是否會開啓兩岸外交戰？如何早做準備早做因應？郭正亮立委所拋出的兩岸南海合作議題與「維持現狀新黨綱」是否在民進黨內成立研擬小組政治主張，以展現對中的政治善意？新南向政策如何避免內部相互牽制掣肘，整合外交部、僑委會與經濟部的資源與力量，讓新南向政策的整體規劃與執行策略可以有效形成並加以落實？對於南海仲裁後的政治衍生效應與後續的政治情勢判斷及因應策略，也應借重更多民間的國際政治、海洋法與兩岸問題學者專家共同研擬新的政治處理方案。這是蔡英文總統必須有所警覺的執政問題，也是蔡英文政府應該認眞且嚴肅面對的政治問題，倘若無法看清問題的事實眞相，無法找對適合且適任的人共同面對問題、解決問題，恐怕就是人民無法信任執政的重大開端與隱憂，以後想要重拾人民的政治信心與信賴，就不是一件容易的事了！

二〇一六、七、一八

3 政治極端化是兩岸關係發展的隱憂

台灣演員戴立忍遭扣反中、台獨帽子引發的兩岸網友政治論戰剛剛落幕，如今，帶有濃厚本土色彩的名導演吳念眞也因兩岸關係敏感，原定其「人間條件三」舞台劇在中國大陸巡演的時程也被主辦單位建議延後合作，暫緩演出計畫；吳念眞日前在出席記者會時證實確有其事，並自曝常被中國大陸網友罵「台獨狗」。無獨有偶地，根據最新的《壹週刊》報導，中國大陸廣電總局針對台港工作相關人員，包括導演、監製、音樂製作人等，未來若要在中國大陸從事演藝工作，就要簽署聲明「從即日起不再參與各種進行分裂國家主權的活動」，否則將無法在中國大陸進行演藝活動，但該刊詢問台灣藝人，則都表示還沒收到或不知情。

不管上述的事情或傳言是否眞有其事，這都不是好的政治現象，都很可能因為兩岸民粹政治的操弄或炒作，演變成挑動民族主義神經的政治極端化發展，對兩岸關係和平發展的政治道路形成嚴重傷害，不僅把台灣推向更加遠離中國大陸，而且讓兩岸人民的政治感情距離愈拉愈遠，讓中共總書記習近平共圓兩岸「中國夢」的政治理想更加落空，讓兩岸人民共創心靈契合的政治目標更加難以達成。

兩岸關係發展的政治大環境目前雖然不佳，但這是兩岸主政者因爲雙方政治互信薄弱，還沒有找到彼此可以相互接受或體諒的九二共識替代方案所造成，並不是兩岸人民的認同情感發生嚴重衝突或對抗所導致。因此，如何藉由兩岸人民的普遍民意來拉近雙方的認同價值觀，並進而帶動雙方官方政治立場與政策方向往中間靠攏？絕對是能否翻轉兩岸「冷和平」或「冷對抗」關係的重要方法與策略，這是消弭兩岸政治岐見、化解兩岸政治僵局所必須的政治過程與融合基礎。

倘若捨此方法而另闢蹊徑，以自以爲是的政治正確思維，想用政治施壓手段來讓台港藝人爲了經濟飯碗而曲意迎合或屈服，並想藉此讓遊走兩岸三地的台港藝人抵制台獨或港獨的政治活動，或許短暫時間可以取得一定程度的政治成效，或許可以讓某些涉台或涉港的大陸政治機構獲得某時期的政治業績；但從長遠來看，這只是揠苗助長的操作，終歸會因爲政治過度介入文化及演藝事業而導致反彈與反感情緒，嚴重損及兩岸人民的情感與認同，最後眞正傷害的是兩岸的政治認同與向心力，這是兩岸主政者必須引以爲戒的政治體認，千萬不要逞一時之快而造成兩岸關係與中、港問題的發展變成難以彌補或挽救的政治傷害。

兩岸無小事，要傷害兩岸人民的認同情感很容易操作，但其政治後遺症則無遠弗屆，很難有效控管或處理；任何挑動民族主義政治神經的意外事件，常常需要耗費數十倍或百倍的人力、物力才能解決。大陸方面動輒用「文化台獨」的政治大帽子，來解讀台灣的政府施政內容或演藝從事人員參加活動的政治屬性，其實只會把台灣或台灣演藝人員推往「全民皆獨」的方向發展，縱使其間有人為了生活、為了演藝事業必須忍辱負重，必須短暫屈從政治的風向趨勢，但最後可能的發展就是這些人不顧一切轉向他原本未必支持的政治意識型態方向，而且還表現得比那些政治民粹或極端化的人更加地賣力，此從太陽花運動與香港的佔中運動發展經驗來看，道理不就是如此嗎？天然獨與港獨的滋生蔓延，甚至成長茁壯，難道不就是因為反威權被打壓所造成的反中政治效應與結果嗎？

其實，蔡英文政府也該引以為戒，挾民意以自重絕對是要不得的政治思維與心態，儘管目前台灣內部台灣認同的政治聲浪響徹雲霄，反中或脫中的政治民意高漲，但並不意味著台灣就可從此不顧大陸人民的民意走向與刺激武統的政治民粹發展的可能趨勢，反而更應該謹慎小心處理這股政治民意浪潮，讓兩岸關係發展不要因而產生結構性的致命傷害與危險，這才是維持兩岸現狀的政治領導人該有的智慧與格局了。

二〇一六、七、二十九

4 蔡英文政府的執政態度與高度問題

上任兩個月，蔡英文總統雖然仍有過半數的民意支持度，但卻已急速下滑十四個百分點，這是台灣民意基金會最新公布的調查結果，該份民調結果可說是一大政治警訊，蔡的執政正開始步入下滑的政治窘境。

七月底，台灣指標民調最新的民調結果也顯示如此趨勢，對蔡英文執政表現滿意度爲五〇．二%；不滿意度爲三十二．三%，負面評價較上個月已增加八．九%。就連最具綠營政治屬性色彩的台灣智庫最新民調結果也顯示，蔡英文的滿意度四十九．一%、不滿意度三十六%，不滿意度較上次增加十三．四個百分點。顯然，這是蔡英文政府政治信任的重要警訊，是其施政作爲上相當難堪的民意支持危機。

蔡政府上台後，在內閣人事布局與施政作爲表現上，還沒有讓人有耳目一新的政治觀感，而且政策髮夾彎的現象及政府首長政治暴衝的意外演出時有所聞，再加上雄三飛彈試射意外以及南海仲裁後的政治因應不符外界期待，民調支持度大幅下滑原本就不讓人感到意外。如今又爆發火燒車意外燒死二十四位大陸遊客的事故，讓台灣的旅遊公安問題雪上加霜，兩岸關係的互動與發展陷入更難加以收拾的政治窘境，這對蔡英文政府的治理形象無疑也是嚴重的打擊。諸事不順的蔡英文政府目前的確有苦難言、有志難伸，倘若無法在短時間內扭轉政治衰運、改變局面，恐怕就會是一場難以挽回台灣民眾政治信心與信賴的治國危機。

歸咎其因，許多意外突發事件雖然未必是蔡政府所造成，但民眾看的是政府處理事故與危機的應變能力，雄三事件到現在還欠缺給大陸一個展現政治誠意的說法，火燒車的意外嚴重影響台灣的旅遊安全與品質問題，蔡英文總統站在領導人的政治高度也該給大陸一個承諾改善台灣旅遊安全的政治說法，這是誠意與態度的問題，不是九二共識或一中原則的政治爭議問題；從大陸的政治角度來看，蔡英文並沒人讓人看到或感受到兩岸都是一家人的政治關懷與格局，又如何讓大陸信任她眞的有維持兩岸現狀與維護台海和平與穩定的政治態度呢？

火燒車的處理還衍生另一個問題。對於要不要輓聯給火燒車陸客家屬？事故中罹難的台灣導遊家屬有請求所以總統府送了「典範長昭」的輓聯，也應該想到對陸客家屬同樣辦理，以展現總統不分彼此的人道關懷政治態度，這是蔡總統該有的政治高度與態度，縱使事前未有所顧及，在事後面對外界媒體差別待遇雙重標準的指責時，也更應該有所反省檢討加以改進，不是再推託依照台灣歷來習俗與府方規定，必須由喪家主動請託才能辦理。顯然，蔡總統並沒有意識到這樣因循陋規舊習的做法與說法，已經不小心刺傷了兩岸民眾的相互認同情感，難怪會讓大陸方面產生如此情何以堪的政治反應。

這是蔡英文政治幕僚並未盡到該有的政治提醒所造成的政治敗筆，原本他們就該理解並掌握這種人同此心、心同此理的政治敏感問題，早就該作好此事處理的安全管控，縱使事後被外界批評或質疑，也該用更加謙卑以及反省的政治態度來作因應，更不能以敷衍卸責的輕忽心態來讓蔡總統揹負不該揹的黑鍋，令人感到失望的是，他們卻顯露出官僚化的應付心態，讓事件演變成蔡總統過於冷血的政治後果，嚴重破壞了兩岸關係發展的政治互信與情感。

態度決定高度，蔡英文政府的問題就是出在這裡，這不是靠政治幕僚的作文比賽可以解決的問題，沒有正確的執政態度與高度是不可能讓人民安家立命的。沒有貼近民意照顧好該同等對待的火燒車台灣與大陸方面的家屬心情，就很難理解蔡總統到底有沒有用同理心來看待兩岸關係的根本問題，或許這才是蔡英文政府上台執政兩個多月民意支持度就大幅下滑的真正問題與盲點。

二〇一六、八、三

5 北京涉台智庫周志懷所長去留的兩岸關鍵問題？

兩岸關係發展最忌諱的是政治誤解與誤判，而導致主政者形成錯誤的決策，不是兩岸關係發展情勢好或壞的問題。縱使目前兩岸關係正處於急速冷凍的冷和平或冷對抗的政治局面，兩岸的官方與半官方的聯繫對話溝通機制陷於停擺，兩岸關係發展混沌未明難有曙光之際，兩岸檯面下的接觸與往來溝通仍然必須持續進行。雖然未必因此就突破政治僵局找到雙方解套的政治對策或替代方案，但至少減少因為不接觸、不溝通而造成政治誤解與誤判，避免擴大雙方的互信裂痕並升高雙方的敵意螺旋，在某些意外偶發事件造成不必要的政治對撞結果發生。

台灣媒體報導北京涉台智庫圈近日傳出消息，位居北京涉台智庫領導地位的社科院台研所所長周志懷，可能在近期內申請退休。上任未滿三年的周志懷突傳退休，除了屆齡的公開原因外，北京學界私下揣測，導火線應與周志懷在五二〇時對蔡英文就職演說的友善評論有關。

不論周志懷所長是否眞的要退休了，倘若退休屬實，難道理由眞的就是「對台調子錯誤，尷尬求去」嗎？在五二〇當天，周志懷所長第一個接受台灣媒體聯合報的訪問，公開評論蔡英文的就職演說，特別指出中方注意到蔡英文在演說中提及兩岸人民關係條例，從此條例的名稱和總則來看有兩點涵義：一是統一的概念出來了，二是一個國家兩個地區的涵義也出來了。因此他認爲，從這個角度來看，蔡英文的兩岸政策是有彈性的一面，這一步還是符合與大陸相向而行的一步，就是五二〇蔡的演說爲兩岸當前的破冰創造了一個條件。他還表示，大陸希望蔡能在九二共識上有一個清晰的表態，蔡要如何處理台獨黨綱問題，大陸也會觀察，也希望她回答兩岸到底是什麼性質，如果蔡說不出正面表述、不能表述大陸與台灣同屬一個國家，最起碼要有大陸與台灣不是國與國的關係這樣的表述。

周志懷的上述看法與表述內容並沒有問題，其政治論述方向也與他發表談話後四個小時國台辦新聞稿所稱的「一張沒有完成的答卷」有其相互呼應的道理存在，只是政治的軟硬基調立場有其差異而已！眞正有問題的是該訪問的媒體聯合報所下的解讀標題：「陸學者：看到蔡英文向大陸表達善意、蔡爲兩岸破冰創造條件」，該標題並沒有精準反應出周志懷所長的論述原意，也讓外界產生可能的誤解，認爲沒有講九二共識的蔡英文就職演說內容已經過關了，這樣的意外發展，不僅讓死抱九二共識的國民黨連連急電北京展開政治施壓，就連大陸網民也紛紛用廢物與內奸的名詞痛罵周志懷、劉國深等人的溫和言論，導致當天傍晚國台辦的政治立場變調轉硬，隔天也用形同中斷兩岸官方與半官方的對話交流聯繫溝通機制以爲應對。

顯然，五二〇當天中方回應蔡英文就職演說四個小時從溫和轉強硬的政治變化，問題並不是出在於上面原本就必然有授權周志懷等人的公開論述內容，而是大陸內部領導高層有其更高政治戰略層次的不同思考所致；台灣部分媒體不夠精準到位的斷章取義、新聞操作手法容易產生外界誤解所造成的結果，與今年二月下旬中共外交部長王毅「憲法說」的情勢發展如出一轍，爲了化解外界的政治疑慮，爲了不讓蔡英文誤解大陸對兩岸同屬一中核心意涵的政治堅持與底線而造成政治誤判，因此大陸當局採取更加強硬的政治基調來展現態度與立場。

所以，周志懷等大陸涉台重要學者的五二〇說法並沒有逾越上面的政治授權範圍，也沒有犯了不該犯的政治錯誤，理當不致於因此被迫退休或下台，畢竟他們是確實執行上面所交待的政治任務辦事發言，倘若因爲上面某些人的特殊政治思考而讓他們做了替罪羔羊或引咎退休，恐怕這是台灣媒體過度解讀的錯誤揣測所致，未必眞的符合大陸內部的政治運作常規與相關當事人的政治本意。

當然，若大陸的內部領導決策體制結構與對台政策的政治需要，讓周志懷所長先退休下來，再做其他的政治打算或布局，也是有可能的政治發展，但就不是從他五二〇的政治言論有無偏差的方向來做解讀了，蔡英文政府也應該對此有正確的政治判讀，避免誤信以訛傳訛的媒體報導結果而作出政治誤解與誤判，否則就會眞正成爲蔡英文政府的大問題了！

另外，從台灣的政治角度來看，倘若蔡英文政府眞的能夠理解並掌握到這四個小時的政治轉折與微妙的政治發展關鍵變化，找到引起變化的政治「關鍵密碼」，並重新理清其政治緣由與脈絡，似乎就可能可以找出突破目前兩岸政治僵局的政治解套方法與方向，這或許就是所謂的九二共識政治替代方案的方法？究竟該如何正確解讀？並找到政治解套的方法？就是蔡英文政府必須嚴肅思考的問題了。

二〇一六、八、二十三

6 百日執政困境的兩岸政治迷思

蔡英文政府的執政百日成績差強人意，各種民調結果幾乎都呈現這樣的答案，其中不滿意度比較高的項目主要是「勞工問題」與「兩岸關係」的處理，基本上都與台灣目前的經濟發展困境有直接的關連；蔡英文總統在出席一項研討會時表示，過去這段時間發生的爭議事件，雖然討論焦點不同，但共同根源就是經濟環境惡化，不管是工作機會外流、薪資停頓、貧富差距擴大，要承認這是這國家的現實，因此要推動產業創新。

然而，蔡英文政府的五大創新產業的規劃與執行，或許是翻轉台灣經濟發展困境的重要方法與途徑，也或許是解決台灣產業出路的長遠發展之計，但絕對不是可以立竿見影、迅速看到成效的解套方法。因此，從現今台灣多元民主的政治社會環境、以及蔡英文政府百日執政成效的民調結果觀察，這是個緩不濟急的國家發展戰略與政治追求的中長期願景，或許是治本的方法，但絕對不是治標的有力力量；要想突破執政困境的僵局仍然必須從標本兼具的方向加以著手。政府必須正確展現積極處理兩岸問題的政治態度與作爲，讓兩岸關係發展逐漸惡化的局面有所遏止，才能讓台灣民衆有信心經濟問題不會繼續再敗壞，五大創新產業的政府施政目標才有機會加以順利推動。

顯然蔡英文已經意識到台灣經濟環境惡化問題，但認爲問題發生的緣由是馬政府八年無能主政所種下的結果，而不認爲她的兩岸政策與兩岸關係的處理有何問題，這才是蔡英文執政的政治盲點與迷思，看到了引發民怨四起的經濟困境危機，卻看不到這個危機的眞正問題根源就是兩岸問題，是與中國因素相連結的經濟問題。不能把經濟發展的大餅做大，人民的民生生計問題就會層出不窮，勞工問題就會首當其衝，群起抗爭的政治爭議也會沒完沒了，更加治絲益棼！

火燒車事故與總統輓聯的差別待遇處理，是讓大陸人民來台旅遊心生卻步的關鍵因素，今年七、八月陸客來台人次的嚴重衰退，團客分別減少三十五%與五十五%。台灣方面難道就只能以大陸主政單位利用陸客觀光減少作爲「政治」操作工具來卸責嗎？難道不能審愼檢討台灣的旅遊環境，有沒有提供足夠的安全保障與友善旅遊的觀光品質呢？作爲台灣的新領導人蔡英文也該想想，到底對火燒車意外事故的大陸家屬有沒有缺少人同此心的道歉作爲呢？

其實，大陸主政單位根本還沒有正式出手對付或施壓蔡英文政府，火燒車意外事件與兩岸政治氛圍不佳造成陸客來台自發性的卻步，還算不上是大陸當局用政治操作來杯葛台灣的觀光產業，未來眞正要面對的是九月份台灣入聯的問題、與參加在加拿大舉行的國際民航組織年會的問題。目前看起來蔡英文政府應該不會採取強推台灣加入聯合國的政治動作與宣傳，但是參加國際民航組織年會的機會已經相當地渺茫，再加上大陸方面會不會開始挖台灣的外交牆腳造成雪崩式斷交的政治危機？甚至封殺台灣參與國際外交活動的發展空間？恐怕情況並不樂觀！蔡英文政府的國安外交團隊應該早思預防並著手可能的因應之道，千萬不要以爲不挑釁就不會有意外發生，畢竟目前兩岸政治僵局缺少政治互信與溝通管道，稍一不愼處理便會產生誤解與誤判，雙方都有可能因爲民粹與極端化的作爲與對撞，產生難以收拾的政治對抗與敵意螺旋升高，後果根本很難加以預料！

缺乏同理心的人道關懷與旅遊安全改善的品質要求，才是台灣目前陸客來台人次銳減的眞正原因，觀光局準備透過小兩會結合民間各公協會，組團登陸行銷台灣的旅遊商品，推廣台灣深度旅遊，其實根本就是本末倒置開錯藥方的安樂死政治解藥，換來的可能是賠了夫人又折兵的執政失誤與偏差。到頭來，台灣的觀光旅遊產業不僅不會感激政府的德政，反而更會批評政府的失能與無能造成他們血本無歸的經濟損失。更何況，觀光旅遊產業的基層勞工爲了生計受到嚴重的衝擊與威脅，走上街頭抗爭的局面也只是時間與人數、次數的問題，屆時，兩岸問題轉化爲內政與經濟、勞工的問題。蔡英文政府能否協助他們解決生計問題，解決觀光旅遊產業的發展問題？恐怕也是杯水車薪，難有有效的化解。

正本清源之道，蔡英文政府還是要誠心面對目前冷和平的兩岸政治僵局，與大陸共商溝通九二共識與一中問題的解套方案，蔡英文總統也該主動出面，對火燒車家屬正式道歉並承諾積極改善台灣的旅遊觀光安全與品質問題；從根本作起，以誠意、態度與格局重建兩岸關係和平發展的正確道路與大局。倘若蔡總統僅僅認爲這是「轉型自由行」的良機，是台灣旅遊觀光單位的行銷宣傳技術問題，或者只是大陸涉台機構對台統戰或政治施壓操作的國家政策問題，跟自己的許多政治作爲沒有直接的關連，可能就是犯了自我感覺良好的錯誤解讀與誤判，未來可能還要付出更加慘痛的政經代價，那就眞的印證了財經專家謝金河所提醒的政府拿刀自捅的衍生效應，讓人對蔡總統的兩岸事務處理能力感到無比憂心。

當然，處在內外交迫的政經環境，蔡英文政府已經從百日執政的政治危機當中看到了問題，但還是找錯方向下錯藥來處理問題！其實，縱使兩岸問題不在蔡英文政府此時必須直接面對的執政優先順序，但因爲兩岸問題所將引爆的內政、外交與經濟危機卻是面臨正式攤牌的迫切危機；雖然蔡總統最近已經任命許信良前主席接任亞太和平基金會董事長來處理兩岸政治溝通的二軌任務，但礙於目前的兩岸關係政治情勢，許董事長可能還難以登陸溝通，此時不妨考慮先讓該基金會前董事長，也是現任榮譽顧問的趙春山嘗試作爲授權代表登陸溝通，這對目前雙方缺乏政治互信與政治溝通的兩岸關係現狀，或許會有意想不到的發展，也可能使目前即將產生政治衝撞的兩岸外交關係與旅遊互動往來問題，發展出較好的解決方法與途徑。否則，兩岸關係發展可能就不再是冷和平或冷對抗的局面，也可能一發不可收拾變成政治熱戰的敵對對抗政治局面，這對要想努力維持兩岸現狀的蔡英文政府，恐怕就是傷口灑鹽、雪上加霜的政治結果！

二〇一六、八、二十九

7 兩岸人事布局的「再平衡」

前外交部長田弘茂出線接任海基會董事長職位，是蔡英文總統不得不下的政治棋局，可以說是幫蔡英文政府擋獨派子彈的好牌，也可以解讀成是兩岸僵局仍然無解下的過渡人選安排；儘管跌破了外界眼鏡，但總歸是論資排輩恰如其分的安全牌，充分展現蔡總統的用人風格與意志，保守穩健之餘又不失大家風範，兼顧美、中戰略平衡政治價值又保有兩岸特殊關係的進退彈性空間。田弘茂雖然不是蔡英文總統首選的海基會董事長人選，卻不失為是目前平衡台灣內部各方政治勢力的中性色彩人物，頗為符合高舉維持兩岸現狀政治主張的蔡英文總統執政百日的「不求有功但求無過」寫照，用穩中求進的謹慎態度來面對兩岸新局的變與不變。

據了解，蔡總統心中最屬意的海基會董事長人選是前立法院院長王金平，蔡英文原本判斷兩岸關係情勢發展在其五二〇就職演說之後，應該是有峰迴路轉的政治曙光可以出現，由兼具淡藍政治色彩與綠營可為信賴的王金平擔任海基會董事長角色，不僅容易形塑跨黨派的朝野合作政治氛圍，有利於「台灣共識」的政治凝聚，同時也讓原本就多次表態接受九二共識的王金平可以順勢與大陸開展半官方的溝通與交流，讓兩岸的事務性協商機制可以邁入正軌正常運作。

這是當時王金平前院長審慎考慮要不要接任海基會董事長的關鍵原因，主要是著眼於兩岸關係可以順利開展的前提下進行兩岸更具開創性的互動與交流，縱使他因而被國民黨要求辭去不分區立委職務，也可以義無反顧勇往直前，畢竟這是王金平願意追求開創兩岸新局的歷史性任務與定位，他當然願意承擔此重責大任。殊料，兩岸關係的發展情勢並非如蔡總統所設想預料，「未完成答卷」的五二〇就職演說結果並沒有如願打開兩岸政治僵局，兩岸關係發展急轉直下，從冷和平逐漸往冷對抗的方向進行，再加上雄三飛彈的烏龍試射、火燒車意外事件與南海仲裁案的處理，讓大陸當局對蔡英文的兩岸政治思維與布局更加不放心，兩岸的薄弱政治互信關係形同破裂瓦解，這樣的發展情勢與結果，讓王金平對海基會董事長的職位轉而望之卻步，就連蔡英文最後兩次的親自邀請都被他明白婉拒，蔡英文只好開始轉向徵詢其他的備胎人選。

蔡英文總統誤判兩岸政治情勢發展的政治補救替代方案，就是由田弘茂的替補上場，這是安內重於攘外的政治需要與價值，其所彰顯的政治特色就是「親美遠中」政治路線的持續進行，縱使兩岸僵局還是依然無解，但至少還是對綠營基本盤與美國有所交待。總統府發言人黃重諺表示，任用田弘茂主要就是他對中國大陸有深入的研究，嫻熟兩岸關係與亞太戰略，對推動台灣的民主化與拓展台灣的國際外交參與不遺餘力。看在對岸的大陸涉台機構眼裡，就是向深綠靠攏的政治轉折與警訊，是對美國政治靠攏的明白表態，因而大陸國台辦發言人馬曉光回應記者採訪表示；「大陸的態度是明確的、一貫的，只有海基會得到授權，向大陸海協會確認堅持九二共識這一體現一個中國原則的共同政治基礎，兩會授權協商和聯繫機制才得以延續。」就是明白表明不管海基會董事長的人選是誰，大陸的兩岸對話聯繫機制的開啓前提與要件就是九二共識與一中原則，處處展現寸土不讓的政治意志與決心。

其實，兩岸主政當局都相當清楚目前的兩岸僵局就是無解的政治習題，只要蔡英文沒有鬆口對一中原則做善意且具體的政治表態，無論海基會董事長或兩岸其他二軌、三軌的負責人是誰？都沒有辦法加以突圍解套！因此，蔡英文轉而支持田弘茂的出線，主要還是把他當作準備與美國進行溝通對話的「外交」人選用途，並非用來作爲打開兩岸對立僵局的人選，既對民進黨內部的獨派勢力有所交待，有多了一位可以和美國或其他智庫單位溝通兩岸關係與亞太戰略布局相關問題的兩岸政治幕僚，不失分又壓得住政治陣腳，還是有其政治高度與格局，未嘗不是蔡英文政府想要穩住大局的一步好棋！

至此發展態勢觀察，我們不難發現，處在兩岸可能對撞的政治棋局當中，蔡英文總統的兩岸人事布局就是避免對撞、保有餘地、穩中求進的政治策略思維，是配合美國亞太再平衡戰略布局但又不想挑釁中國大陸的「兩岸問題外交化」政治作為。說得更直白一點，就是把兩岸問題看作是台灣國際外交發展的重要環節，是台灣亞太戰略與區域安全的重要政治節點，考慮的是美、中戰略平衡的台灣角色，是兩岸關係的國際因素化為政治主軸核心價值的「再平衡」。雖然，難以解開兩岸僵局，但卻刻意拉大台灣的兩岸問題戰略空間與國際問題接軌，這或許是蔡英文不得不的政治判斷與選擇，或許也是蔡英文對中國大陸的政治施壓與圍堵所必須開展的「反包圍」、「反圍堵」政治策略，未來究竟會有何發展與演變？我們雖然不得而知，也難以預測蔡英文總統下一步該往何方向走？但卻是只能往更加悲觀的心態，用嚴峻再嚴峻來看待與解讀！

二〇一六、九、一

陳淞山的兩岸觀察：2012~2016之❶

弦外有音

蔡英文的兩岸協奏曲

作　　者：陳淞山
主　　編：陳嘉爵
封面設計：陳慧洺
版面完稿：中原造像股份有限公司

發 行 人：洪美華
責任編輯：莊佩璇、陳昕儀
行　　銷：黃麗珍
讀者服務：洪美月、陳候光、巫毓麗

出　　版：幸福綠光股份有限公司
地　　址：台北市杭州南路一段63號9樓
電　　話：(02)2392-5338
傳　　真：(02)2392-5380
網　　址：www.thirdnature.com.tw
信　　箱：reader@thirdnature.com.tw

印　　製：中原造像股份有限公司
初　　版：2016年10月
郵撥帳號：50130123 幸福綠光股份有限公司
定　　價：新台幣330元（平裝）

ISBN 978-957-696-838-9

總經銷：聯合發行股份有限公司
新北市新店區寶橋路235巷6弄6號2樓
電話：(02)29178022　傳真：(02)29156275

國家圖書館出版品預行編目資料

弦外有音：蔡英文的兩岸協奏曲 / 陳淞山著.
-- 初版. -- 臺北市：幸福綠光，2016.10
面；　公分
ISBN 978-957-696-838-9(平裝)

1. 兩岸關係 2. 言論集

573.09　　105017220